U0734093

文
景

———————

Horizon

病房请勿讲笑话

阿蒿木 ———— 著

上海人民出版社

目录

Chapter 3 | 忘不了的她他它

稀里哗啦看病记

1. 一个数学不好的姑娘得了淋巴瘤

我从小数学成绩不好。

小学二年级的时候，我爸的同事问他："闺女数学怎么样啊？"我爸思考片刻，语气平和地答道："看题吧，1加1等于2这种算得还挺快的。"

不仅考试成绩差强人意（这么说有给自己脸上贴金之嫌，其实整个高中阶段，数学考试我只及格过一次），对所有和数字有关的事情，我都很难理顺、记清。

我闺女三岁左右得过一次支原体肺炎，吃了挺长时间抗生素仍没痊愈。我和老魏带她去医院复查，老魏找停车位的工夫，我独自带娃先进了诊室。

女医生非常和气地问："吃了几天药了？"

我笃定地答道："五天，两天头孢，三天阿奇。"

她迅速反应："那就是25号开始吃的？"

"不是不是，27号开始吃的。"

"但今天是30号。"

"哦，那就是22号开始吃的。"

医生用那种有点绝望的眼神看了看我，拿出一张纸，开始在纸上写日期：22、23、24、25、26……她拿出教幼儿园小朋友的劲头，准备对我进行数学学习的基础指导。拥在诊室门口翘首以待的家长们见到此情此景，纷纷向我投以恶毒加鄙视的目光。我不禁如芒在背，冷汗直冒。

值此尴尬之时，老魏走进来了，他那筷子型的小身板在那一刻焕发出神圣的光芒。他跟医生说了什么我记不清了，总之数字们被理顺，看诊成功。

我生病之后，类似的事情更多了：一种口服激素需要在化疗后连服五天；磺胺类药物需要在化疗期间连服五天，每天吃两片（老天保佑我没记错），之后每天吃一片；化疗结束后，免疫抑制剂需要连吃二十一天，歇七天，周而复始……

我经常发现本来应该已经吃完的药片变魔术般又出现在药盒里——如果娃在家，必然是她捣鬼，但她在奶奶家呢，那只能是某一天我自己搞错了。有时我面对着一板药片一遍遍纠结：吃过了吗？真的吃过了吗？大概没有吧。可万一吃过了呢？

更有甚者，化疗后我开始打日达仙，以期提高免疫力。这药是大臂肌肉注射，每周两次，也即两条胳膊每周各挨一次针扎。次数多了后，每次开打前我都要在脑海里打半天仗：上次打的是左边还是右边？这次应该打左边还是右边？左边？右边？……

总之，我绝对属于记忆力不佳、数学思维更差的那种人。

但是有一个日子，我却刻骨铭心，难以忘记——2021年2月3日，我检查出身体里隐藏了那么多肿瘤的日子，也恰好是立春的日子。只是不曾想到这个温暖的日子，会是我人生里漫长冬天的开始。

立春那天，娃的爷爷奶奶循例做春饼，派我们仨去稻香村门店采购卤菜。我还清楚地记得，那天买酱货的人特别多，跑了好几家店才买齐了酱肘子、香肠和酱猪肝。走在路上，虽然空气里还透着寒冷，但阳光灿烂，已然隐隐有了春意。老魏穿上了薄棉外套，我和娃怕冷，仍穿着羽绒服，在阳光下晒得暖暖的。三个人手拉着手，一路溜溜达达，笑语晏晏。这样简单的日子，在后来很长一段时间里竟成了可望不可及的美好。

那天晚饭后，我开始胃痛，且一点点加重，进而上吐下泻，浑身冒冷汗。根据以往犯胃痛的经验，我让老魏帮买了颠茄片，然而吃到最大剂量，仍没法像以前那样安抚好不断痉挛的肠胃。当时为了方便娃上学，我们仨寄居在爷爷奶奶家，我住在离洗手间最远的小卧室，从我的卧室到洗手间必须途经爷爷奶奶的大卧室。让人尴尬的是，他们晚上睡觉不关门，导致我的每一次跑厕所之路都变得分外纠结：只有忍无可忍我才整理衣衫，假作镇定地从他们门前走过，庄重摆手，面带微笑地表示"没事没事"，然后大步流星蹿进洗手间大吐大泻，直到实在不能支撑这般长途跋涉。老魏把洗拖把的大桶拎过来，说："你别折腾了，就往这里招呼吧。"

吐泻渐缓，但是腹痛仍然不能止歇。老魏打着哈欠在网上查了些针对胃痉挛的穴位按摩法，一下下凶狠无比地猛掐我的小腿和胳膊，并现学现卖、信心满满地道："网上说了，点穴能治胃痉挛。"然而除了在胃疼之外又添一重疼痛，实在没感觉到任何效用。我忍不住攒出最后一点力气，一脚把他踹开："赶紧去医院！"

2月4日凌晨4点，老魏开车，带上娃奶奶的轮椅，把我拉到了医院。事实证明，带轮椅真是他为数不多的明智选择之一——上一次，大概就是娶了我。

急诊先给了一针解痉止痛的针剂，一针下去我痛感顿歇，疼痛一去，就只想倒回自家床上好好睡一觉。但是考虑到医生这么晚还要值夜班看诊的辛劳，以及老魏折腾了大半夜伺候我并带我就医的心情，我觉得不应该这么快痊愈，于是表示自己仍有一些腹痛。

在内科急诊值班的是位戴眼镜的年轻女医生，她思考片刻，温柔而坚定地让我做个B超。我心想：多此一举嘛，明明都不痛了。转念想想大半夜跑这一趟也颇不容易，为了让老魏觉得他彻夜不眠确有所值，那就做吧。

急诊B超值班的也是个戴眼镜的女医生，更加年轻，要么还在实习，要么就是刚刚工作。她认认真真查了很久，却并没发现后来才知的几乎已经长满盆腔并包绕了腹腔大血管的肿瘤。不过也不是全无发现，她点点屏幕对我说："你有肾积水呀。"这是肿瘤留下的第一条线索，是它在狡猾隐藏自己的漫长时间里头一次泄露蛛丝马迹。后来我才知道，正是肿瘤的压迫才导致我的右侧肾脏轻度积水。

然而当时我对命运将要揭示的一切毫无察觉。听说有肾积水，第一感觉是极诧异，因我向来能喝能尿。在不久以后的住院生活中，护士有次例行询问每天喝了多少水，我照实说三暖瓶左右，她惊讶地瞪着我："每瓶是2000毫升啊！"我顿觉不妙——不会因为喝水太多，医院就嫌弃不收我了吧？——立马改口："也就两暖瓶吧！"护士才啧啧惊叹着走了。

说回来，内科女医生看了B超结果，发现右侧肾积水之后，把我转给了对门的泌尿科急诊。这次是男医生了（而且不戴眼镜！），他仔细看了B超报告，觉得这点积水不至于导致如此剧烈的疼痛，建议我再查个CT。

CT结果出来后，泌尿科医生看得皱起眉头，脸色严峻地再次把我转给了隔壁的外科急诊。外科的小男医生跟B超室的小女医生一样年轻，他让我再做一次增强CT检查，并在看到报告后严肃地对我说："你等等我们领导吧。你这个情况比较复杂，我还不知道它是什么，但肯定是占位性病变。"

前一晚的疼痛虽然已经缓解，疲倦却令我几乎丧失了正常思考的能力，我迷迷糊糊问："什么是占位性病变啊？"

他一脸少年人故作老成的凝重："就是长东西了。"接着盯住我的脸，等待着我惊慌失措的回应。

可我实在太困，只是"哦"了一声，心中并无半点波澜，坐回轮椅上，就这么睡着了。也不知睡了多久，突然听到有人喊我的名字，我猛然惊醒，一下从轮椅上蹿了起来。身后老魏狂喊："快坐下快坐下！"他怕我虚弱晕倒。我坐回轮椅，定睛找到叫我的人，是那个外科小伙的领导——略胖，团团脸满面喜气，又一个戴眼镜的男医生！医生戴眼镜的比例这么高，一定是他们小时候学习太努力了。

团脸医生把我们叫了进去，兴奋地指着CT图像说："你这太奇怪了！真奇怪！这东西把你的腹腔和盆腔几乎都填满了。看看，这里，那里，到处都是，有血流的，而且是软质的，软软的，你懂吧？"

我稍微清醒了一点："懂——吗？哦，但是，那是什么啊？"

他遗憾地摇摇头（感觉更多还是兴奋），说："关键就是我不知道！我没见过。你这大概是疑难杂症了吧，要不去协和看看？他们对付疑难杂症很有办法。你是北京医保吗？你知道协和吧？"

我从一堆冗杂的信息里提炼出要点："我这是疑难杂症？"

他精神头十足地道："我也不知道，我没见过，当然判断不了这是什么。要不待会儿你去找我们主任加个号吧，他肯定很乐意给你加，多见疑难病例对医生来说是宝贵的经验呀，哈哈哈。"

老魏："那您看她这个严重吗？"

医生继续保持着饱满的劲头："我个人觉得不是很严重。你想啊，这东西长了这么大，盆腔几乎被填满了，但是她并没有消瘦、疼痛，简直就是没有什么反应啊，说明它并不是恶性程度很高的东西。"

老魏力争道："但是她疼啊。"

喜庆的团脸医生不屑道："这点疼不算啥。如果是恶性度高的肿瘤，那绝不是这么简单的疼，那可就——"他将手掌张开在空中一挥，又有力地一收，一切尽在不言中。

我坐在一边看着他们，听着他们，觉得一切都很遥远，仿佛我坐在一只鱼缸里，跟他们隔着一段无形的距离，也好像他们在谈论的不是我，或者是平行世界里的我。我们是如此接近，却又遥不可及。

团脸医生跟我们说着话，还不忘回头关照同事："给刚才那个病人写死亡时间的时候注意点儿，挑个好点儿的数字，别什么4啊8啊的，要不人家属不高兴。"口气轻松愉快得像在菜场挑茄子，跟老板说："给挑个好点儿的啊。"

老魏听着傻笑，我依然困得发蒙，一切都那么不真实。那天的回程路，是老魏推着轮椅把我带回家的。其实肚子已经不怎么疼了，但是疲惫和忐忑令我变成一只软体动物，就想瘫在某处好好思考一会儿人生。在这生老病死如风吹过大地，如阳光洒满人间般一切皆是寻常事的医院，我像一片叶子，飘呀飘呀，从急诊飘去了外科，按团脸医生的指点找外科主任加号。

外科主任是个果断干练的中年男子，他只看了一眼CT报告，便说："不用找我加号了，去血液科吧，这是淋巴瘤。"

当我们历经颠沛，终于坐定在血液科主任的办公室里，已经是三天后了。主任是个短发中年女子（竟然不戴眼镜！），温温柔柔轻声细语，她面带微笑地告诉我："是淋巴瘤，准备住院穿刺做病理吧。"

我得承认，那段时间我是有点忧郁的。补眠后的大脑逐渐清醒，"恶性肿瘤"四个字开始在脑海里不断回旋。但我还是挺相信那个团脸医生的话，应该不是恶性很高的肿瘤，否则我怎么能在它已经快长成一颗小哪吒的情况下，仍然活蹦乱跳登山下海呢？多亏他给的指点，令我们在确诊的路上节约了很多时间。我们找到的是一位对淋巴瘤也很有认识的外科主任，虽然血液系统并不是他的专业领域。

"他和血液科主任是夫妻哦。"某次在医院偶遇团脸医生时，他热情地告诉老魏，脸上依旧挂着喜气洋洋的笑容。我们也恍悟，原来是家庭教育加持啊。

这篇文字写的时间早，改的时间晚，敲下这几行字时，我已经完成了第八次化疗，正在维持治疗中。我很想找机会谢谢那个团团喜庆脸的医生，感谢他的建议，更感谢他给了我最初最有效的安慰。在经历了八次化疗、高烧、卡肺[1]、支气管镜和一系列很艰难的事情之后，我仍记得他当初那句"不是恶性程度很高的东西"。

回忆那时的情景，我惊讶地发现，印象最深的不是确诊时的迷茫和恐惧，而是确诊前那些快乐的时光。当时新冠疫情日趋严重，公司执行在家办公的计划，娃正好放寒假在家，于是我们这无聊的一家三口经常在天气好的日子里登山郊游，北京周边的长城、山峦几乎走遍。就在查出淋巴瘤的前两周，我们还去了凤凰岭，在冻成冰瀑的河道中肆意攀爬，乐不可支。

---

1 卡肺，卡氏肺孢子虫肺炎的简称。

娃是个精瘦精瘦的小姑娘，倒是分外喜欢爬山。有一次我问她："爬山有什么意思呢？你不累吗？"刚上一年级的她认真地告诉我："累，可是爬上来才能看见最美的风景啊。"

青山如是，碧水如是，嶙峋的山石如是，高飞的鸟儿如是。

孩子无意说出的往往是真理。

最后补充一句，我好像又把数字算错了，CT拍出那些肿瘤时，已经过了4日零点。这样算来，我最难忘的日子应该是2月4日。

2. 与化疗的初次邂逅

　　我的中小学时代是在单位的子弟学校度过的，这就意味着同学之间不仅彼此熟悉，对各自的家庭也非常熟悉，真正的知根知底。好处是谁也霸凌不了谁，坏处是谁家都别想有秘密。

　　我高中时代的一位女同学，她妈妈是双料癌症患者，经历过好长一段时间戴假发的日子。当年我们这些不懂事的孩子，不仅互相传播她妈妈的病情，还总找机会偷窥她妈妈的头发，现在想来着实招人讨厌。好消息是眼看我们都已经结婚生子、步入中年，她妈妈还好端端活着，甚至帮她带大了老大老二两个娃。

　　还有一个跟我关系很好的男同学，前几年，他爸爸妈妈双双患癌。听说这个消息时，我甚至不知道该怎么安慰他，总觉得这离失去双亲也就一步之遥了。不过据我妈说，他妈妈除了头发重新长了一遍，其他都好，还能精神头十足地参与小区业委会改选事宜。

病还是那个病，癌还是那个癌，但是随着治疗方案的日新月异，很多癌症已经不能与死亡直接画等号。确诊淋巴瘤以后，这些身边人的例子给了我力量和勇气，让我能勇敢地面对第一次考验——2021年3月1日，我正式住院，接受化疗。

此前通过腹穿取样做了病理分析，已经明确我的肿瘤属于滤泡型淋巴瘤1—2级，虽然级别低，但是PET-CT结果显示病程已经发展到了第四期，所以虽是惰性肿瘤，也必须马上治疗。

W医生是整个治疗过程中与我接触最多也最为我所依赖的人。其实这么说不准确，不仅是我，所有十层病房的病人，都最信任和依赖她。J主任也经常巡视病房，给我们每个人制订治疗方案，但是每日查房以及各项具体事宜，都是W医生亲力亲为。当年的她肯定是学霸，因为她记性超乎常人地好，无论何时无论何事，只要病人坐在她面前，她都能想起相关的种种情况，比如肿瘤的位置、治疗的过程与结果、报告中的某项数据……其中很多是连我自己都无法立刻想起来的。可能正因如此，一旦她出现，我的忐忑不安立即就能得到安抚。我想别的病友也差不多吧。

由于是首次化疗，我虽然表面上强作镇定，内心却极其不安。我不知道自己将要面对什么：恐怖的疼痛？吃不下东西的煎熬？想不到的诡异的副作用？……原来都不是。入院后的第一重考验，是骨穿。

住院时的好多细节我已经记不清了，可是我妈记下了每一个时间节点和每一个具体事件。她的笔记上记载着："2021 年 3 月 1 日，中午 12:50，医生在病房内行骨髓穿刺。"看到这行字，记忆的闸门瞬间开启。

所谓骨穿，就是抽取骨髓液，检查骨髓有没有被肿瘤细胞侵犯。当漂亮的 J 医生和年轻的 Y 医生拿着一大包叮咣作响的金属器械走进病房时，我觉得浑身的血液都暂停了一瞬，控制不住地恐惧和发冷：那长如手臂的针，长得跟凿子一样的武器，这是要在我身上钻出个洞来吗？

我妈被友好地请了出去，说是"家属不能旁观"。是不是发生过家属旁观时晕倒，或者没忍住阻拦医生之类的情况呢？我妈后来跟我说："我就在走廊里站着，只要听到你叫一声，我就立马冲进来。"至于她冲进来要做什么，我没问，应该不是啥好事。

而当时我完全没空去想我妈的心情，只记得自己侧躺着，把整个后背和上半部分臀部都露出来。医生在身后铺垫子、消毒，我心脏狂跳，忍不住问："大夫，打麻药吗？"

Y医生道："当然打啊，你以为是关羽刮骨疗毒吗？"

"……"

虽然打了麻药，可仍然能感觉到一股大力在背上捅来捅去，酸胀难忍，痛的程度并不比普通的肌肉针更甚，心理上却要恐怖得多。

J医生夸我瘦："瘦好啊，直接就扎进去了。上次有个病人臀部脂肪太厚，怎么都找不到骨头。"

我脑补了一下那个画面：呃，那得有多厚呢？

整个过程大概持续了半小时，到一刻钟左右，我觉得自己的忍耐力已经到了极限，便说："大夫，我头晕，咱们这完事儿了吗？"

J医生淡定地回我："你不可能头晕，是太紧张了吧？放松点，完成一半了。"

我一听才一半，更紧张了，但无论如何也要忍住，于是对自己说："放松啊，放松，不要紧张，别害怕啊，别害怕。"

两位医生听着我自言自语，都沉默下来，可能思忖着是不是得再请个精神科医生给我会诊一番。

好在再难熬的事也有结束的时候。骨穿终于完成，我需要平躺在床上，用体重压一会儿刚才穿出的小孔。我妈也获准重新进入病房，继续她的收拾整理大业——由于不清楚具体要住几天院，我们带来了充足的零食、水果，笔记本电脑里也下载了满满当当的电视剧集。

事实证明，带足食物太正确了。新冠疫情期间，住院病人连病房门都不能出，只要探头向门外张望，即刻就会有护士喊："回去！"家人送东西要抓住每周仅有的一次机会，且只有下午半天时间。水果之类医院食堂是不提供的，想吃的唯一途径是在入院时就准备充足。至于电视剧，这次住院期间我基本没有心情观赏，后来几次住院倒是看得津津有味。

第一回化疗确实遇到了不少麻烦，现在回想，骨穿已是其中最轻松的了。

住院第一天，完成了 B 超、抽血、骨穿、PICC[1] 植入。3 月 2 日一大早，W 医生来病房告诉我们，今天要正式开始化疗了。第一天先输靶向药美罗华，以 25 毫升 / 小时的速度开始，再不断调快速度，预计九个小时能完成。

九个小时！我和我妈面面相觑。然而后来的事情证明了我们的天真——九个小时能输完，也是幸运无比了呢！

25 毫升 / 小时的速度，怎么说呢？你可以想象，输液管里的液体像个矫情的小姑娘，扭来扭去，嘟囔着"我不要！我不要！"，哼唧半天才试探性地迈出一小步，大概就是这个速度。可就是这么个速度，半个小时后，我陡然感觉心脏一沉。我说："妈，难受。"我妈手忙脚乱地关掉输液泵，去叫护士。护士过来看了一眼，让我休息一

---

1 PICC (Peripherally Inserted Central Catheter)，经外周静脉置入的中心静脉导管。

会儿再继续。

20分钟后，美罗华再次输入，这次反应更厉害了：心口正中央渐渐收紧，压榨似的疼痛，就好像有人一脚踩在心口上还反复碾压一样。我妈再次手忙脚乱地关掉液体，去叫医生。W医生来看了我，说之前已经用上了过敏药，但看来我的过敏反应还挺严重，于是暂停美罗华，把过敏药用到最大量。用药后，胸口的疼痛逐渐缓解。见我无事，医生表示继续输液。

平静了大约两个小时，我忽然觉得鼻子痒痒，起初以为是吹着风了，但这痒慢慢扩展到整张脸，头皮也奇痒难忍。我妈的目光从电视剧转移到我脸上，惊呼："你怎么了？"我顿觉慌乱，拿起手机一照，只见自己满脸都是尖尖的红色小包，整个脑袋活像颗一本正经长大成熟了的大草莓。我妈很熟练地关掉输液泵，跳起来喊医生去了。我呢，一边强忍着不去抓挠，一边不停打喷嚏，仿佛骤然患上了重感冒。

J医生来了，Y医生也来了，甚至好多护士都来参观了一遍。后来我反应过来，能把美罗华引发的所有过敏症状都呈现一遍的患者不太多，我已荣膺活的教科书了吧。

我妈慌得不行，甚至想能不能不用美罗华了。然而 W 医生很坚决，说美罗华是必须要输进去的。于是我跟自己说："好吧，虽然很难，可这件事一定会有结束的时候。我要做的就是在结束之前忍一忍，再忍一忍。"没想到一忍就是 24 小时，我就算不是本院输液最慢的人，应该也跌不出前三了。由于过敏严重，直到下午 5 点多医生下班那会儿，我的美罗华才输了不到一半。W 医生说："你就一直用最慢速度输吧，应该不会再有事了，就是人要辛苦点，大概得输到明天早上 7 点左右。"

输美罗华需要戴着心电监护仪器，这东西一直不停地嘀嗒嘀嗒，我翻个身它也要尖叫着报警；而且我正用的这台机器太老旧，无法开启静音。这一夜该如何度过呢？我和我妈在一片嘈杂声中完全没有头绪。晚上 8 点多，夜班护士给我打了一针非那根，随后我便陷入了迷迷糊糊的状态。

住院的第一个夜晚，我就在这样半梦半醒、半坐半躺的状态中熬了过来。其间我妈的陪护床送到了，却根本不能称之为床，简直就是张连翻身都难的矮脚躺椅。后来我妈实在受不了那台心电监护仪，半夜请护士帮忙换了一台能调成静音的，我们总算能稍稍合会儿眼了。

为什么会有"熬夜"这个词呢？那夜之后我才真的明白，要度过那么黑暗、那么漫长的时间，只有用"熬"来形容才最贴切。

无论如何终于熬到了次日早上 7 点半，第一次的美罗华输完了。离开心电监护仪，离开输液泵，我忍不住下床活动了一下肿胀难忍的双腿。然而并没高兴多久，顶多过了一个来小时，第二日的化疗药就送过来了。这可能是唯一一次我觉得医院的工作效率别那么高也挺好。

这一日的重头戏是红药水，学名为盐酸多柔比星脂质体注射液，据说病人输入此药水后，尿液会呈现出浪漫妖娆的粉红色。有了昨天严重过敏的前车之鉴，W 医生把我的红药水分成两半，两天输完。有了之前艰难无比、一波三折的美罗华做对比，红药水倒显得没那么可怕了。

多亏防呕吐药物的加持，我没有出现恶心反胃之类的症状，算是在比较舒服的状态下完成了与化疗药物的头一回亲密接触。但止吐药也有它的问题：容易导致便秘。这在当时并未体现，却在出院后给了我一次狠狠的教训。而且化疗引起的副作用不见得会在输液当下表现出来，它像个狡猾阴险的坏蛋，总是趁你不注意时从背后偷袭。

不过，在那个即将离开医院的时刻，呕吐、便秘的痛苦，相较于将要获得的自由而言，就都不算什么了。疫情期间，我也有几天被封闭在家。彼时只要回忆起住院那会儿每天只能在不到十个平方且要与病友及其家属共享的小空间里如仓鼠般反复转悠的经历，真的，什么样的封闭隔离都显得尚能忍受。

出院时，老魏在病房楼下等着我们。看他一脸战战兢兢、想问又不敢问的样子，我忍不住有点想笑。最黑暗最艰难的部分已经熬过去了，曙光还会远吗？

脱发也好，呕吐也好，便秘也好，为了健康和自由，什么样的代价不能交付呢？这是后来我才明白的。

3.终于成为便秘家族一员

初次化疗在短时间内没有对我造成特别明显的影响，尤其是在食欲方面。化疗前，我已经充分做好了将会恶心呕吐的心理准备，住院前专门采购了葱香饼干、九制话梅、稻香村的肉松海苔卷等能够充分开启胃口的小零食，大包小包地带进病房，以备食欲不振时为自己的肠胃加油鼓劲。

然而，这种情况并未发生。数天化疗，输液输到人肝肠寸断、烦不欲生，但我的胃口依然良好。每天早上7点10分，中午11点30分，晚上5点30分，送饭的姐姐推着餐车遥遥走来，我都会早早翘首以待，提醒我妈："快开饭了吧？"

决定每天订什么菜也是我和我妈的一大乐趣。首先要有荤菜，最好是牛肉；其次要有蔬菜，清炒豆芽和醋熘白菜都不错。晚上，大葱肉饼最佳；狗不理包子不太行，不如我们家乡的包子；白粥、红豆粥什么的倒真不赖，可惜不能挑选，轮到啥是啥。

早餐的馒头太松软没嚼劲，还好我妈提前准备了度小月的香菇牛肉拌酱，配白馒头也算一绝。最开心的是住了一周院，有一天的早饭竟然是红豆包——真正去皮无油干豆沙做馅的红豆包哦！我和我妈一人一个，眉开眼笑，一直高兴到输上红药水为止。

在不允许送饭、订外卖，只能在医院食堂订餐的血液科病房里，在每天十几甚至二十多个小时的输液化疗过程中，吃东西带给我无限的安慰，是漫长的忍耐与煎熬中最值得期待的亮色。

但是临出院那天，发生了一件挺意外的事：我竟然便秘了。

严格地说，也不能算意外，医生早就提醒了这种可能性。由于大量使用激素而必须补充的钙片，以及配合化疗药物使用的止吐药，两者都会引起便秘。我仗着自己从小到大几十年一直以拉肚子为特长，从不曾便秘，就以为这事绝不会发生在我身上。事实上，便秘是不讲武德的呀。

我妈立刻向医生报告了我的遭遇，医生很痛快地开了乳果糖。这种药我家爱便秘的毒舌闺女经常用，我亲爱的外婆也经常用，唯独我从没用过。拿到药我还挺高兴，以为这甜蜜蜜的小药水即将解除所有的烦恼，让我继续在吃吃喝喝的路上保持强悍的战斗力。

我妈深沉地提醒我："你想得太简单啦。"我没有在意，以为又是她神经过敏吓唬我，毕竟她是个格外有忧患意识的人。儿时我跟我爸去海边游泳，我妈的第一反应是闺女可能会被淹死；她的床头长期放着一瓶矿泉水和一个苹果，这是备着万一发生地震，房子塌了把人压下面，她不至于很快饿死，还能吃点喝点等待救援；每晚睡觉前，她都要把家里大门的门链拴好，抵上椅子，椅子上再放个杯子——这种配置除了提醒盗贼"这家人醒了，快点灭口吧"，我想不出还有啥别的用处。

言归正传，我妈开始语重心长地跟我聊起家族里那些便秘的故事："便秘的话，痔疮会掉出来哦，好大一个，某某那个有这么大，说着比画了一个李子大小；某某那个有鸡蛋大，走着走着就会掉出来，然后就得回家去。"

"回家干吗呢？"

"再一点点推回去……"她神秘兮兮地说。

"啊！"我顿时惊服。

"你可不知道便秘有多痛苦哦，有时候早上着急上班又出不来，简直想哭。所以你一定要多吃蔬菜，多吃叶子菜，白菜不行，要绿叶菜。"

大概绿叶菜还是没吃到位。回到家的第一天，在30毫升乳果糖的加持下，我勉勉强强完成了早上的一顿大任。

到了第二天，事情变得复杂了。乳果糖加到了40毫升，仍然没起到应有的作用。我坐在马桶上，只觉痛急交加，犹如在生娃……急到极处，我把裤子袜子全脱了，光着两条腿拼命使劲（然而这是为啥？又不是真的在生娃），恨不得满地打滚。可该来的仍然不来，那恶心人的一小团得意万分地狞笑着堵在某个点上，像一团邦邦硬的水泥，硬鼓鼓地截住了我通向快乐的途径。

昏了头的我拿起香皂想帮自己通通便，试来试去怎么也不得要领。最后实在没办法，只能求助于拥有多年便秘经验的老妈。

"妈，怎么办呀？"

"事到如今，只有这个办法了。"

我妈很是淡定，左手右手各操起一支开塞露，仿佛手里握着的是倚天剑与屠龙刀。她蛾眉微挑，眼波流转，让我横躺在床上，一边娴熟动手一边檀口微启："待会儿你会觉得忍不住了，但是还要忍，忍住！忍得越久效果越好。"说罢，她就事了拂衣去，一骑绝尘地走了。

我心想，你倒是拿件衣服帮我盖上点儿哪。光着两条腿在极大程度上影响了我的忍耐力，寒冷加上肚子里的绞痛以及身体后方难忍的坠痛，让我连三分钟都没忍到——一个旱地拔葱，连滚带爬冲向厕所，蹲上马桶等待着一泻而下的痛快。

然而，开塞露也不讲武德呀！并不是想象中那样开闸泄洪般的痛快，而是浑身冒冷汗，腹中绞痛，痛到手脚无措，头上不断冒出豆大的汗珠。在一阵一阵的痉挛中，终于有些什么离开我的身体而去，我再也忍受不住，大喊一声：

"妈——"

我妈闻声赶来，一手抱住我的头，另一只手一下下用力拍我的背："没事没事，就是这样的。我们经常用，早就习惯了，你就是第一回用还不习惯。"

我百忙之中抽出一把声音："妈，别拍了，心脏都拍疼了……"

我妈赶忙抽回手，用毛巾擦拭我满头的冷汗，同时绘声绘色地形容："你下次别使那么大劲，反正过上两三个小时，也会嘭一声慢慢拉出来的。"

两三个小时？！

缓了半天，总算摆脱了那种虚脱似的疼痛，腹中却又开始大量胀气，整个房间里弥漫着"噼里啪啦轰"的震撼声效。好在我一个刚结束第一程化疗的人，有什么可愧疚和不好意思的呢？在这么大的痛苦面前，几个屁算个屁呢？

特意回来探望我的闺女还专程告诉我："妈妈，你知道如果屁一直憋着不放，会怎样吗？"

我一边跟肚子里刚刚涌起的一股巨大气流较劲，一边皱眉问她："会怎样？"

"屁会从嘴里出来！"她做出惊悚的姿态，使劲盯着我的脸，看我有没有成功地被她恶心到。

我点头表示感谢："知道了。"她赢了，我确实被恶心到了。

我妈安慰我："多走走吧，有助于排气。"

于是我在客厅和餐厅之间来来回回地走呀走呀，一边走一边放屁，一边想着待会儿要把这段故事写下来。多么有意思呀，人生里的各种经历：第一次吃饭，第一次上学，第一次便秘……

由于我不停放屁，我妈决定当天不让我吃酸奶了，但晚上的牛脊骨汤煮面条还是可以吃的。所以就像樱桃小丸子说的那样吧，只要活着，总会有好事发生。至于疾病和随之而来的各种痛苦，它要来就来吧，还能怎么样呢？

4. 一次性手套隐藏妙用

没生病以前看国产连续剧，那些得了癌症的病人总是一脸惨白地躺在病床上，胳膊上的输液管不停灌输着不明液体，羸弱单薄的身体上连着一堆嘀嘀作响的仪器。突然间，明明上一秒还昏昏沉沉、奄奄一息的病人，以迅雷不及掩耳之势"嗷——"的一声惨叫，仿佛练过艺术体操般将整个人迅速折叠成直角，趴到床边大吐特吐。这种流于表面的艺术表现方式使得我对癌症和化疗的理解过于粗浅，以为所谓化疗的副作用就是以呕吐和嗜睡为主要特征的身体不适，细究起来可能与怀孕差不多。

头一次住院化疗，我妈趁我在病房做骨穿、家属不允许旁观的好机会，兴致勃勃地在走廊里来回探听了好几遍，回来以后很高兴地告诉我："没事，别怕，我看其他病房里的病人都挺好，一个个坐那看手机呢，没见谁难受得不行，也没见有人吐。"

确实，住院的五天时间里，除了靶向药严重过敏给我造成了一些麻烦，真没有明显觉得哪里不舒服，更没有恶心呕吐。我妈为我的初次住院准备了许多零食，笔记本电脑里也下载了充足的电视连续剧，那几天我们就在吃吃喝喝追追剧中度过。

出院后一周，该回医院复查血象并给胳膊里埋的PICC换药了。第一个疗程，全家都分外紧张，老魏一大早就从娃奶奶家赶过来，准备各种需要带去医院的东西。我妈则兢兢业业地给我炖了虫草花鸽子汤，清爽澄澈的淡金色汤水之上漂浮着一条条橙黄色的虫草花，鸽子细腻的皮肉也被染上了淡淡的金黄色。不用人催促，我食欲良好地把一大碗鸽子汤连肉带汤全部干掉，把自己吃到了坐着不动也能感到胃部宛若康桥的水草，随着每一次轻微的行动微微荡漾的境地。

不幸的是那天堵车严重，一连串急刹之后，我终于感觉到一种难以抑制的恶心。开始以为是吃多了晕车，企图通过开窗通风获得些许缓解，却发现以往屡试不爽的奇招竟然完全没有效用。这才意识到，那不是晕车，而是化疗药物终于在我的身体里完成了第一回战略打击：它们打击肿瘤细胞，也打击健康细胞；它们是一支铁骑，强悍勇猛无坚不摧；它们分外冷血，缺乏怜悯，对所有生长快速的细胞一视同仁，嗜杀无赦；它们的军事行动在挽救生命的同时，也会令人头发脱落，皮肤变黑，口腔溃疡，恶心难忍。就像此时的我，用尽全部的意志力控制再控制，仍然无法将一阵阵排山倒海般袭来的肠胃痉挛压抑哪怕再多一秒。

我开始后悔，原来电视剧也不全是骗人的。由于此前一周过得还算平顺，此刻兵临城下的我毫无准备，连塑料袋都没拿！眼见一股热流即将奔涌而出，我妈急中生智，把手上戴着的一次性手套摘下来，塞进我手里。崩溃前一刻我仍在犹豫：能行吗？这么薄的一次性手套，万一经受不住考验，我该怎么顶着一身可疑污渍和诡异气味穿梭于医院之中？还是再忍一忍吧。我咬紧牙关，咬到两侧腮帮子明显鼓出一截，从后视镜里瞥见自己眉头紧锁，活像只一本正经的青蛙。

可惜这最后的挣扎只支撑了不到三秒，一股排山倒海的热流从身体深处汹涌而来，一次性手套就这样被强行推上历史的舞台：透明而纤薄的五根塑料手指像集体舞蹈的五位成员，严格遵守既定节奏，一根接一根地唰唰依次鼓起。恰好在它们被装满的瞬间，我达到了短暂宣泄后的片刻平静，得以仔细端详这只已经不再平庸的薄手套：它的每根手指都呈现出胖胖圆圆的形态，透着希腊式的对称与和谐，而且红绿相间，格外鲜艳——除了鸽子汤，我还吃了胡萝卜炒芹菜。最惊人的是，真的一点都没漏！我紧紧捏着手套的手腕部分，在堵车造成的阵阵急停中一边努力防止其内容物外渗，一边暗想下次还买这牌子，质量着实可以。

前面又一个红灯，老魏再次刹车，我整个人随着惯性往前一冲，一股热流再次激荡于胸怀。千钧一发之际，坐在后排的我妈看出我意犹未尽，迅速脱下另一只手套递给我："拿去！"每每想到那一刻，都忍不住再夸一次我妈眼明手快，反应迅速。危急关头接到补给物资的我顺利开始了下一轮倾泻，转眼第二只手套也变得圆鼓鼓胖嘟嘟，霎时从二维小透明发展成多彩立方体。

这次吐完，车也到地方了。老魏对我必定是真爱，他主动把这两只手套接过去，颤颤巍巍地捧去扔掉。我很不好意思地盯了一路，确定一滴都没有掉出来，不禁为自己选择手套时的明智和使用手套时的利落而喝彩。

可能是因为呕吐，也可能是紧张，更可能是化疗药物对白细胞的严重打击，进了医院后我的双腿软得像煮过了头的意大利面，每走一步都需要异常的勇气。偏偏验血处和 PICC 换药室之间相隔六个楼层，无论是拥挤程度堪比地铁 5 号线的直梯，还是弯弯绕绕尤胜西直门立交桥的扶梯，于我都是严峻的考验。等完成验血、换药两件大事，我已然瘫坐在靠墙的塑料椅上，只剩喘气的力气了。累，浑身上下每一个毛孔都在说累，是种让人连坐着都难以承受的累。

我妈一遍遍刷着验血结果，我在旁边一阵阵冒冷汗、头晕、恶心，身体变得摇摇欲坠。我妈察觉我脸色不好，让我躺下把头枕在她腿上，脚则放在另一张凳子上。我依言把头埋在她膝盖上，脚却不好意思跟上来。毕竟是受过高等教育、混过白领圈的人，公众场合形象还是要的嘛。再说那个拿着拖把四处逡巡的老大爷一直盯着我，说不定就等着我躺倒，好来进行批评教育呢。

"哎呀，"我妈终于刷出了验血结果，"白细胞好低啊，只有1700了。"这话犹如一句咒语，把我仅存的那点力气全吹跑了，两只脚自然而然提了起来，一个人横霸了三张凳子——管他是谁家大爷，都莫挨老子，老子白细胞只有1700了。我就这么枕着我妈的腿，叽叽歪歪闭眼躺着。我妈给正在医院里上蹿下跳的老魏打电话，让他去娃奶奶家把轮椅取来，车停得远，我多半是走不过去了。平躺确实更节省体力，难怪东北人说"舒服不如躺着"。躺了大约半小时，老魏终于把轮椅取来了。从三张凳子上积攒的能量，恰好能支撑着我的身体慢慢挪动到轮椅上，还得让他把胳膊放在身后，以便我后脑有靠。

从医院出来，老魏推着轮椅里的我在大街上一路逆行。医院附近车辆多且拥堵，老魏把我挡在身前一路开疆拓土，机动车本着或同情或避免被碰瓷的心情一辆辆落荒而逃。

我们俩像摩西入海，自车流中拓出一条道路。我心惊胆战地问他："咱们为什么不走人行道？"我妈那会儿正一个人好整以暇地走在人行道上呢。老魏以他独特的逻辑打败了我："人行道上有盲道，我怕再把你颠吐了。"

终于回到娃奶奶家的小区，坐上了车，从肉身开路变成钢铁护体。怎料车刚开出去没多远，那种无法抵御的恶心感又来了。好在老魏取轮椅时从家带来了一堆塑料袋，我很霸气地吐一个套一个，看看不保险再套一个。多么豪爽！多么踏实！此时的大气魄与来时途中的凄惶形成了鲜明的对比。

回到家里，躺在柔软温暖的床上，想想这一天的经历如同一场闯关冒险游戏，最可惜的当数那只鸽子了，多好的一只鸽子呀！

晚饭时我依然无甚胃口。老妈给我冲了藕粉，蒸了一小碟胡萝卜。看着烂炧炧的胡萝卜，我实在提不起劲；老妈哄着我，一点点喂。

我说："那你讲讲你小时候有意思的事吧。"

我妈想了想，说："有一次就我们三姐妹在家，你大姨煮了汤圆非要叫我吃。我一看都没熟嘛，里面还是白白的粉粉呢，我就不吃。她生气了，使劲踢我。"

"大姨好凶残。"

"还有更可怕的哩，你知道她干啥了？"

"干啥？"

"她朝汤圆里吐了一口口水，非要叫我吃下去哦。"

"妈，我真的不想吃了……"

饭后我妈收拾好碗筷，准备洗澡，临进去前说："等我洗出来，你还和我玩不？"

我安慰她："和你玩，你快洗吧。"

等她洗完澡，8点多了，我已经困得不行，于是果断翻脸，把她赶去睡觉，自己也关灯就睡。其实一大部分原因是胃里仍觉恶心，估摸睡着了会好些。

这天晚上做了好多梦。梦见我和朋友青青带娃去吃油炸臭豆腐，是扬州那种臭豆腐，放着清爽的豆芽菜，浇上酱油做的卤汁。吃起来外焦里嫩，分外可口。但找座位的时候，有个女的压到了娃的手指头，娃放声大哭，导致我完全忘了臭豆腐，只顾着跟人打架斗殴。等架打完了，这段也翻篇了，臭豆腐终究没吃上。还有个片段是朋友聆涛和我带娃去逛街，看到好多色香味俱全的零食铺子，其中一个小推车上摆着各种口味的喷香猪肉脯。挑来挑去，我选了一大包原味的，然而还没来得及吃进嘴梦就醒了。

带着对臭豆腐和猪肉脯的遗憾醒来，是第一个疗程期间最令人神伤的回忆。后来我想，这些关于吃的梦，大约是身体里的好细胞们正一个个鼓起劲头非常努力地想要把这具几乎被打倒的躯体从烂泥淖中拯救出来时，送给自己的加油礼物吧。

前一天晚上我把我妈赶回屋后，熄灯就睡。我以为她经历了这一天的折腾必定也会立即入梦，但第二天早上她跟我说很晚才睡，过一会儿就忍不住来偷偷看我一次。看我闭着眼，看我翻个身，看我在梦里皱紧眉头嘟嘟囔囔，看我踏踏实实好端端地喘着气，她才放心去睡了。想想她一个人照顾生病的女儿，要承担极大的辛苦、未知结果的煎熬，以及治疗过程里一刻不离的陪伴。这得需要一颗多强大的心脏和比天还广阔、比海还深邃的爱才能做到吧，只有妈妈才能做到吧。

又想起那天从医院回来，老魏推着我的轮椅路过娃奶奶家窗下，我忍不住抬眼看着那扇小小的窗户，猜想我的小姑娘此刻应正在窗户里面，是嘀嘀咕咕玩打仗游戏，还是安安静静看搞笑漫画？无论怎样，我都将永远失去她成长里的这一段时光。想到这里，我的眼泪瞬间决堤。所谓坚强，抵不过对你的思念，我亲爱的小棉袄呀，我很想很想你。

5. 呼吸科团宠

如果搞个八次化疗期间最痛苦事件大调查，这一殊荣铁定要归于四疗之后的卡肺事件。

据说《滚蛋吧，肿瘤君》的作者熊顿就是化疗后因肺部感染去世的。第一回住院期间，我闲来无事把几个患淋巴瘤的名人各自搜了一遍，越看越心寒：罗京，死了；熊顿，死了；演员徐婷，死了……似乎只有李开复高高兴兴活了下来，可是他比地球上 80% 的人都有钱啊，他的治疗经历不太具有可比性。

有一点倒是很肯定，感染对化疗病人来说与癌症本身一样可怕。为了预防感染，老魏在我妈的指挥下早早买了紫外线消毒灯，把家里的东西全部消毒。严防死守之下，前几个疗程过得还算顺利，可是四疗之后，肺部感染猛然张开魔爪向我袭来。

我这如今不太灵光的大脑一直保留着发病那天的印象。上午我和老魏一起去主治医生那里开了点药，医生还夸我精神不错，跑得挺快。回到家，我跟老妈例行下楼散步，刚走没几步，忽然间腿软得毫无力气。那会儿天已渐热，我们两个并肩坐在小花园里的长椅上，眼前是缺少修剪长成一蓬乱发状的迎春花枝条，花已经开败了，叶子倒是分外茂密。我只觉得异常疲惫，花了20分钟静坐休息、积攒精神，才算把两条腿重新找回来，一点点挪着回了家。现在想想，我的白细胞肯定已经降到了一个可怕的低谷，只是当时完全没有意识到。

当天晚上，我开始发烧。先是低烧，37.5℃到38℃左右，一阵阵地发寒、疲倦，随着温度的高高低低时而精神时而萎靡。第二天晚上老魏带娃回来，把娃交给我妈，他陪着我去家对面的航空医院看急诊。

由于新冠疫情，我们只能去发热急诊，那是隐藏在院区深处的一栋独立小楼。晚上8点多，下着很大的雷雨，我吃了退烧药，换来片刻轻松，和老魏撑着一把大黑伞，在雷电暂停的间隙，在药物发挥作用的间隙，像游戏里的超级马力欧，也像歌剧里深情咏叹的鬼魂浮士德，穿过层层叠叠的楼宇、花园（以前没仔细观赏过航空医院，居然绿化得很不错，丛丛绿树掩映成趣，长得比人还高），闯过一重重阻碍，绕过一道道难关……恍恍惚惚中，我想我们最终必定会抵达某个地方，如同超级马力欧救下公主，浮士德遇见魔鬼。

其实公主和魔鬼都没见到，遇见的是发热急诊里的护士。这位护士大姐穿着全套防护服，嗓门清亮，当晚只有她和一位女医生值班。我们做完核酸等了挺久，终于轮到我陈述病情时，我说我是肿瘤患者，化疗后发烧了。大姐惊讶地看着我，感慨道："哎呀！我就说，那病得重的都不叫，一直叫唤的都没啥事。"哦，她应该是在夸我，但怎么听着有点别扭呢？

急诊科的女医生先让我拍了肺部CT，看到片子，她说："肺炎了，输液吧。"可我挂记着在家里闹翻天不见到我就不睡觉的娃，表示不输液了，先吃点药。已是夜里10点多，女医生犹豫了一下，叮嘱我明天若不见好一定要再来。离开时，她主动扬起一只手，笑着说："再见，小茼！祝你早日康复。"

医生用很温柔的声音唤我的名字，她脸上那个亲切的微笑至今仍清晰地印刻在我脑海里。生病期间遇见不少这样的人，萍水相逢素昧平生，但是他们的善良给了我力量、勇气和希望。

可惜这并不是普通的肺炎。接下来的几天，我的体温仍旧起起伏伏，口服抗生素似乎没有起到应有的作用。体温高起来时，我就盖上厚厚的被子，出一身汗，温度也随之下降，但没多久便故态复萌，温度再次升高。在这样的反反复复中，体温攀上的高度越来越高，逐渐越过38.5℃，变成高烧。

老魏把我的片子拿给 W 医生看，又按医嘱买了指尖血氧仪。发烧四五天后，我的血氧饱和度下降到了 95%。老魏给 W 医生打电话，她说："快去看呼吸科。"我在边上回答："好，下午就去。"她严肃地说："不，上午就去，马上去。"我才意识到，问题严重了。

还是因为疫情，发热病人需要先去另一家医院做核酸，然后才能去我化疗的那家三甲医院挂呼吸科。眼看不能再拖，老魏开车拉着我和我妈去做核酸。退烧药的效果慢慢消失，在 6 月份近 30℃的气温里，别人穿着短袖，而我穿着厚厚的运动衫，包着帽子，还得坐在太阳下面，才能勉强抑制住瑟瑟发抖的身体。

　　其间需要我的肺部 CT 片子，可片子前几天放在 W 医生那里了，于是聆涛夫妻俩开车去帮我取了片子，再送到做核酸的医院。折腾了半天，下午又回到本院呼吸科，G 医生看了看我的片子，说："建议你住院吧，回去等通知。"老魏在旁忙不迭地说："好的好的，请您安排我们尽快住院吧。"

　　"住院吧"三个字瞬间催出了我的眼泪。在经过了五次住院、四次化疗的那个时刻，在受疫情影响住院病人只能 24 小时困在狭小的病房里，每一分钟都是煎熬的那段时间，"住院吧"真是我听到的最可怕最忧伤最难受的三个字。出了诊室，我大哭着冲老魏发脾气，像被夫家卖了还债的小媳妇一样万般委屈地控诉："你就是想赶紧把我送进医院，这样你就轻松了！"老魏什么也没说，他理解我的烦躁，理解我是多么害怕再次住进医院。

第二天住院通知来了，老魏拎着我昨晚含泪打包好的行李，送我到住院部门口。他必须止步了，而我还要独自向前走。我接过行李袋，质感粗糙的帆布拎手磨得掌心皮肤生疼，回头看着他忽然又很想哭，那条深深的走廊里有什么在等着我呢？

事实比我想象中的好太多了。我住的病房里有三张病床，我在靠门那张，中间是个乖巧安静的建筑系女大学生，最里面开始住着位大姐，后来是位阿姨。

带我进病房的小护士相当有趣，她长得很像多年前的一部电视剧《红十字方队》里的女主，短发，漂亮精干，说起话来永远急急慌慌，没有断句没有停顿，跟动画片里的小人一模一样。她帮我拿行李，一边走一边念叨："来来来你跟着我就行了拿得动吗我帮你拿点儿你知道规矩吧现在疫情不能探视不能出门不能订外卖那个2床的赶紧回屋里去不能在走廊溜达你现在还发烧吗你先休息一会儿吧待会儿医生会过来看你。"然后她就踩着风火轮卷着风飘出去了。

　　说来也很有意思，化疗期间我一般住院五天左右，这次卡肺却住了整整十二天。可能是由于化疗用了大量激素，从生病到治疗再到后期维持，我的体重一直只增不减，唯独卡肺期间，两周内掉秤八斤。住院时在厕所照镜子，只见一张颧骨突出的脸，嘴唇是深深的青紫色。

　　我烧得昏天黑地，体温动辄飙上 39.5℃，毫无胃口，吃饭全靠毅力——把餐盒摆在病床桌板上，人半靠在床头，吃一口躺回去休息几秒，然后猛吸一口气坐起来再吃几口，如此往复。我会先在心里设定一个目标，告诉自己要把菜吃掉一半，或者把牛肉吃掉几块，随后一口一口逼着自己慢慢吃下去。

　　我妈担心我吃不下医院的饭菜，特意在家做了红烧排骨，又坐了一个小时公交送到医院来。我拿着排骨去开水房旁边的护士休息室找了个微波炉加热，正好被一个小护士看见，她说这是医务人员专用，病人不能用。其实可以理解，毕竟呼吸系统疾病的传染性往往很强。可我当时只觉委屈难忍，一个字也说不出，眼泪就在眼眶里转。正好护士长路过，她看我可怜，点点头，啥都没说就走开了。于是我的排骨加热成功。

可惜排骨太咸了，我吃了一块，咸到难以下咽。但是想想我妈千里迢迢送排骨给我的不易，逼着自己又吃了一块，然后就无论怎么做心理建设也不能再吃下一口。剩下的排骨被我悄悄倒掉了，此事堪称住院期间最大机密——这盒排骨不仅是老妈的心血，也饱含护士长的善意，我辜负了她们多少心意啊！

呼吸科的护士长就此出场。她40多岁，个头不高，戴着一副眼镜，留着这个年龄女性常有的那种烫过的蓬松短发，两眉之间有一道深深的褶痕，看起来总像在皱眉头，查房时也从无笑容。起初我挺怕她，每逢早查房，就算烧得稀里哗啦也要检查一下充电器有没有收好，物品是否摆放整齐之类。

我和她的首次交集是排骨事件，后来就是我的PICC护理。呼吸科有PICC的病人很少，因而这里的护士护理PICC不像血液科的那么熟练。我住院期间本应换药两次，实际多了好几次，因为几位护士讨论了半天也不太确定管子头到底应该怎么摆放，朝上还是朝下。最后护士长拍了板，她表示根据地心引力的基本原则，这管子头还是冲下比较科学。因此护士们次日又帮我多换了一次药，改变了管子头的朝向。后来去PICC室换药时我特意留心了一下，原来管子头是弯折之后再固定的，方向冲上。哦，看来地心引力这回也没发挥应有的作用。

由于我一直发烧，反复吃退烧药，不停出汗，所以老魏陆续给我送来了十多件短袖，平均两三个小时我就得换一件。我当时根本没有力气洗衣服，只能靠数量取胜——一大堆脏衣服放在一个箱子里，一大堆干净的放在另一个箱子里。出院时，我一个人拖着好几个箱子和大包，走得摇摇晃晃。护士长说："你拿得了吗？我帮你吧，宝贝你小心点。"真的，她叫我"宝贝"哎。

除了护士长，还有好几个小护士都让我倍觉温暖。烧得孤独又恐惧时，我跟医生说想让我妈进来陪我两天，医生担心病房人多会传播病菌，拒绝了这个请求。我自知理亏，不敢申辩，一个人躲在被子里掉眼泪，被一位名字里带个"雪"字的护士看见了。我听见她在走廊里跟医生对话："3床擦眼泪呢，让她家人进来几天吧……"最终我妈获准入院陪了我几天，给我带来一批干净衣服，也带给我很大的安慰。

还有位小护士，我没记住她的名字。做支气管镜检查的头天晚上，不能进食，不能喝水。本来就已很虚弱的我骤然觉得头晕眼花，找夜班医生查了血糖和心电图，没什么不妥。医生让我好好睡觉，说完就离开了。我独自坐在病床上，仍觉得头晕不适。

这时夜班小护士走进来，站在门口轻声说："吃两块饼干吧，时间来得及，没事的。"

"明天的支气管镜检查不让吃东西。"我有点担心。

"这会儿12点，还来得及。稍微吃两块，好好睡一觉。不要怕。"

我还清晰记得她站在门口的样子，病房内已经熄灯了，走廊里的灯还亮着，逆光勾勒出她瘦小的影子。从我的角度看过去，仿佛有一圈光晕围绕在她四周。我摸出两块苏打饼干，尽量安静地吃了。她一直站在那里，静静地看我吃完睡下，方才离去。检查前的惶恐、发烧和饥饿导致的焦躁，就这样奇迹般被抚平。

还有一位护士，我甚至不知道她是谁。我妈不在病房陪我的日子里，我一个人烧得七扭八歪，上厕所都费劲。有一天，床头的对讲器里传来一个好听的女声："小茼，你如果要下床就按铃叫我们，不要自己走，别摔倒哦。"她叫我名字，没叫我"3床"。也许这不符合医院的规范，可是那一刹那，我只觉空落无着的身心被踏实的大地稳稳接住了。"不用怕呀，"我对自己说，"真的不用怕。"

出院之前，L主任带着医生们大查房，已经不年轻的老爷们捏着嗓子，满脸笑容，像哄孩子似的摇晃着脑袋问我："怎么样？现在是不是觉得特别好啦？"

我很想笑，但还是尽量严肃地回答："就，还挺好的，嘿嘿。"

感谢L主任把我当成孩子一样哄着，感谢呼吸科全体护士把我当团宠一样疼爱着。不过，我还是希望不要再见你们了，至少别在医院里见了。愿你们每一个人，未来都过得幸福、健康、愉快，和我一样。

回家以后，我发现老魏把洗衣机换掉了，他担心里面有霉菌。所有的绿色植物都被收走，就连陪伴我们多年的小鱼 Goldy 也被他连鱼缸一同端去了奶奶家。偌大的家里，还会呼吸的就只剩下我和我妈。想它们，想念我的吊兰，想念我的绿萝，想念我的多肉，更想念我的小 Goldy。

我妈说："以后都会好的，好了再养啊，现在还是恢复身体为重。"我眼泪汪汪地点头答应。她不知道，老魏也不知道，我难过的不是它们被搬走，而是它们走了之后，我又会陷入巨大的难以承受的孤独之中。虽然它们不说话，但是默默活着呀，那生机勃勃的样子真好看。

6. 支气管镜冠军

第四次化疗后，免疫系统被打击得跌至谷底的我不幸罹患卡肺，据说这是只有免疫缺陷病人才会得的肺病。什么是免疫缺陷病人呢？比如艾滋病患者、系统性红斑狼疮患者。我在本院呼吸科住院半个月，其间最难忘的除了团宠我的医生护士们，就是一项名为支气管镜的检查项目。按说我也算久经考验，腹穿、骨穿、核磁、PET-CT……都试过一遍甚至几遍，还能有什么更可怕的检查吗？真的有，那就是传说中十个人躺上检查床能临阵脱逃五个人的支气管镜检查。

住院之后，呼吸科医生先采取"有枣儿也得一竿子，没枣儿也得一竿子"的策略，把抗细菌药物、抗病毒药物和抗卡肺的复方新诺明以及激素都用上了。也就是说那段时间，我区区54公斤的小身板，几乎尝遍了能够对抗地球上所有微生物的药物类型。我这具肉体，除了我自己，堪称寸草不生。但这只是为了不耽误治疗进程的权宜之计，最终还是需要确诊才能有的放矢，解决问题。经过抽血和影像学检查后，医生说："还需要做个支气管镜，直接从气管和肺部取样，才能确定到底是什么类型的肺炎。"

支气管镜是什么呢？我搜索一番，顿时惊出一身冷汗：原来是从鼻孔里插入一根管子，一直插到肺部，这根管子既可以取样，又可以灌洗，堪称一专多能。做过支气管镜的人纷纷在网上留言："太恐怖了！""管子插到嗓子眼的时候，我以为马上要憋死了！"仅仅是看着这些留言，我的小嗓子似乎已经开始吞咽困难。而且我从小就有低血糖的毛病，紧张时曾好几次虚脱、晕倒。在发烧多日的此时，在被病痛折磨得掉了八斤肉的此时，在四次化疗让我天天心跳加速、肌肉乱颤的此时，惊险的支气管镜检查真是我能够承受的吗？

我和老妈说要做支气管镜检查，她跳着脚反对——她在我们老家的医院咨询了呼吸科主任，主任建议别做，认为试探性治疗下去就可以了。我反反复复想了很久，其实留给我考虑的时间只有一个晚上，支气管镜检查被约在了次日一早。我这具小身板还能承受大面积全领域的微生物大型打击吗？所有药一起上，难道不比支气管镜可能造成的创伤更可怕？我又咨询在医院工作的朋友青青，她说："支气管镜会有一点难受，但你只要配合，一定能顺利完成。"

聆涛送我一只木雕小葫芦，一直被我拴在手机上做坠子。那天夜里我把小葫芦从手机上解放出来，握在手里，暗下决心："支气管镜还是要做，勇敢点儿吧，姑娘。小葫芦陪着你，就像爱你的人都在身边一样。"

清早起来，穿着短袖衫的护工大哥把我安置在轮椅上。小护士赶上来，为我盖上一件大棉衣，对着诧异的护工大哥说："她发烧呢，会冷。"我感激地点头谢过她，下巴埋在棉衣领子里，好温暖。电梯下行至一层，那天微微小雨，空气清新，出了住院部大楼，第一感觉竟然是睽违已久的自由。

老魏正在楼下等着——支气管镜是一项需要家属陪同的检查项目。住院医生也站在楼下，正面色严肃地与老魏交谈，又拿出厚厚一摞纸让他签字。老魏脸色略吓人，签字时手抖了几次，看得我心惊胆战。我没问他纸上写的是什么，想来无非是种种意外之时、桩桩意外之事。"现在不能想太多了，"我对自己说，"配合检查就好。"

　　这天老魏异常温柔，跟我说话轻声细语，仿佛声音大些，那些激昂的声波就会把已然被高温炙烤多时以致脆弱不堪的我碰个粉碎。他从护工大哥手里接过我的轮椅，一路逶迤前行，经过若干条曲里拐弯的院内通道之后，我们终于找到了支气管镜检查室。

　　还没轮到我，我和老魏在门外坐着等候。我从门缝偷偷往里看，检查床上躺着位 50 来岁的大叔，忽然间他爆发出一大串惊天动地的咳嗽。文字无法传递声音，但你可以把肺想象成一个大气球，它原本充满了气，出口处却紧紧封死；那些空气左冲右突想要找个发泄的出口，一条小小的裂隙恰在此刻出现了，受困许久的空气一朝得见天日，霎时奔涌而出，发出震动天地的呼啸声——咳啊咳啊咳啊——是那种颠覆了整个空间的巨响。我和老魏对视一眼，谁也没说话。他脸上写满了恐惧，我看不见自己的脸，想来只会更糟。双手冷得像冰，背后却又一阵燥热，我扭了扭身子，不知该怎么安放自己的手脚才好。

检查室厚重的大门终于打开，护士伸头出来召唤大叔的家属接人，同时喊出我的名字。我颤巍巍地从轮椅上站起来，慢慢挪动脚步往里走。做完检查的大叔与我擦肩而过，他衣服前襟上有斑斑点点的血迹，分外醒目。

我以蜗牛般的速度向屋里挪去。检查室是间很大的屋子，入口处和左边放着办公桌椅以及电脑，两名医生分别守在两台电脑面前。最里侧是一张检查床，检查床右边的桌子上摆着一台心电监护仪。当我平躺下来，与这台仪器相互连接之后，协同作战的护士大姐指着那屏幕直咂舌："你太紧张了吧，心跳都 120 了。"怎么能不紧张呢？检查床的左边是一块巨大的屏幕，上面的图像被分成好几个小格子，将分别显示那根柔软的管子进入我体内的景象。

虽然下定了决心，我还是忍不住做最后的挣扎："那个，大夫护士，我能不能改做全麻的那种啊？"

护士大姐看我一眼："全麻的还得等三天才排得上呢，你这病情还能等吗？"

确实不能等了。"但是我好紧张啊，我害怕！"我哆嗦着，几乎是喊出了这句话。

护士大姐明显很烦，大声道："你怕啥呀？有啥可怕的？"

我被她的气势压倒，一时无话可说。边上年轻的小护士道："你镇定一点啊！昨天有个女的，做了一半拼命把管子拔出来跑了，说什么也不肯再做，你可别像她似的。"

我毛骨悚然。

她继续道："你要真觉得撑不下去，告诉我们，我们给你拔管。不要自己乱拔，容易受伤。"

我一听还有缓和的余地，还能拔管跑路，又觉得踏实了几分。

小护士不再犹豫："行了，那就开始了。记住啊，不管什么时候，你都不要动。"

"也不要说话。"老护士在旁边补充。

我点头表示明白。

"也不要点头。"老护士继续补充。

当时的我绝对是吓傻了。现在想想，既不能说话也不能动，我怎么传达出"不行了，帮我拔管吧"这么复杂的意思呢？上当了啊！

老护士一边往我鼻子里滴入冰凉的液体，一边说："这是麻药，待会儿有根管子会从你鼻腔里伸进去，跟着我的指示做，我怎么说你就怎么做，听懂了吗？不要点头。"

我僵住脖子，犹豫着没敢点头也没敢说话。早知如此应该提前约定一组暗号，比如举起三根手指是听懂了，举起两根手指是没听懂。可是万一太紧张记错了怎么办呢？

我胡思乱想着，小护士开始把一根类似橡胶质地的黑色管子往我鼻子里送，先试右边鼻孔，有点堵得慌。小护士和老护士商量片刻，老护士弯腰仔细看看我的鼻孔，啧啧有声道："这鼻子孔长得太小了。"我顿感羞愧，想起刚才发出惊天巨咳的大叔，擦肩而过时我倒是看了眼他的鼻子——孔很大哩。

小护士换了一根更细的黑管子，改向左鼻孔发动进攻。那管子头上似乎还有个金属的东西，不过我已经顾不上了，整个人紧张得直打哆嗦。老护士把我脸上的眼镜取下来，谨慎地放在桌面上。我说："放我口袋里吧，放桌上待会儿我就忘了。"老护士想了想，摇头不允。后来想想，她大概怕我也会像昨天的女病人那样胡乱拔管掉头就跑吧，那种时刻口袋里的眼镜铁定是保不住的。

小护士把管子插进我的鼻孔，不舒服，但尚能忍受。老护士在我耳边中气十足地说道："你现在表现得很好，接下来就是最难的一步了，待会儿这个管子会插到你嗓子里，你会觉得憋气，但是不要怕，跟着我的口令，让它通过这一段就好了。听明白了吗？不用点头，好，走——"

小护士的手法轻柔熟练，那根黑蛇般的小管子瞬间滑入我的咽喉要地——不是憋气，是窒息。我明白为什么有人会拔管逃跑了，管子走到咽喉处，会在一刹那堵住气道，那种窒息感非常非常恐怖。

然而她们并没留给我多少时间感受这别具一格的恐惧。老护士弯下腰，脸凑近我耳边，像在帮我用力般大喊："往下咽，用力咽，咽下去！"

我手里紧紧握着那只木头雕刻的小葫芦，一次次做出吞咽的动作，那细细的管子以及头上的金属物在数次吞咽后，竟然真的顺利滑了下去。被堵塞的狭窄处陡然轻松，新鲜的空气得以通过，明明窒息的感觉只有几秒，重获呼吸之后却让我觉得恍若新生。

老护士大加赞扬，就差拍拍我的肩膀夸我好样的："真不错！太棒了！你已经闯过最难的一关了。下面还有一关，不过比这个简单，你可能特别想咳嗽，千万要忍住。"

她话音未落，我便感到气管处奇痒无比，似乎有液体喷溅出来，抑制不住的咳嗽一阵阵上涌。

老护士大喊："不要咳嗽，往下吞咽！想咳嗽就吞咽！不能咳嗽啊，咳嗽就前功尽弃了。"

我再次重复吞咽动作，一次次压抑住已然忍无可忍的咳嗽，我能听见自己从胸膛深处发出"碴碴"的声音，好似一只喘不过气来的小狗。终于，痉挛的冲动渐渐平复，我与那根小黑管达成了某种和平协议，我还是能感觉到它，但它不再对我构成威胁。我的身体总算能在一派祥和的氛围里恢复平静。

小护士笑起来："好了，现在你可以踏实躺着了。"

老护士的语气也是一片轻松："接下来你的任务就是呼吸，慢慢呼吸，放松呼吸，用嘴用鼻子都可以，不要紧张啊，放松放松。"接着她转过脸去，冲着小护士说："几分钟？是不是又创新纪录了？今天这个病人真顺利！别看她开始那么紧张，配合得非常好。"

　　一股淡淡的骄傲在胸中升起，难道说我有幸刷新了本院支气管镜的新纪录吗？这真是那个病病恹恹、动不动就晕倒的胆小如鼠的我吗？

　　小护士温柔地对我说："已经进行一半了，接下来我给你灌洗一下。你会觉得胸口有点凉，没关系，不会痛，不要动。"

　　我举起左手，比出一个 OK 的手势，感觉自己就像战场上已把敌人打得落花流水的大将军，余下只是清理对方残余势力，无论如何不会再有大伤亡。胜利的曙光不远了，轻松不足以形容此刻的心情，应该是一种淡淡甜甜、包含着胜利喜悦的小小欢愉。凉意在胸口弥漫，那是灌洗用的盐水，最后小护士要将灌洗后的液体抽出来。我默默数着心跳，像老护士教的那样把注意力完全放在呼吸上，慢慢呼气——慢慢吸气——慢慢呼气……一次次周而复始。

　　等到管子终于抽离了我的身体，检查室厚重的大门重新开启。老护士呼唤家属，老魏噌噌冲进来，呆呆站在离检查床几步远的地方不再动弹。还是老护士眼明手快，一把扶住晃晃悠悠挣扎下地的我，托着我的胳膊稳稳交付到老魏手里。我想说话，发现嗓子是嘶哑的，几乎发不出声音，可还是勉强挤出几个嗞嗞作响的怪异音调："太感谢她们了，护士们太好了，没有她们我肯定坚持不下来。"

　　老护士居然将我的嗞嗞怪声听懂了，怪不好意思地笑着，大概她们见多了转身逃跑的病人，郑重道谢的还不算多吧。她又托起我另一侧的胳膊，帮老魏把我扶出检查室，坐在门外的椅子上。我忙着给老妈发信息，报告胜利完成检查这一巨大喜讯，嗓子仍然嘶哑。老魏一个劲劝我："先别说话，先别说话！"我擦了擦鼻子下面，鲜血点点滴滴打湿了纸巾。老魏吓得冲进去找护士，我没法顺利讲话，不然就会喊住他，告诉他这都是正常现象——他肯定没有好好看须知嘛！

　　小护士安抚了老魏，同时拿出我的报告单，上面印刷着一条肉色的长廊，长廊里分别开着几个小小的黑洞眼。她指着图片解释哪里是气管，哪里是支气管，哪里是肺，总之处处都好，没什么异常。

或许是我的良好表现和下床后的表忠心让小护士觉得我这人还不错，交代完正事，她笑着问我："你名字里这个字，是来自诗经吗？"

我操着乌鸦嗓子哑着声音说："不，只是普通的草啊。"是普通却又繁茂的野草呀！

老魏和我千恩万谢地告别小护士，推着轮椅准备回呼吸科病房。刚走出没两步，身后传来老护士的呼唤："站住！等等！"我疑惑地转过头，见她举着我的眼镜紧赶慢赶追上来，气喘吁吁地笑道："你的眼镜，还真给忘了！"是啊，这惊心动魄的支气管镜啊，魂都快要吓丢啦，谁还能记得眼镜这样的小事情呢？

等安定下来，我才顾得上发现自己烧得很不舒服，老魏举起耳温枪一量，已经 39.5℃了。晕晕沉沉回到住院部楼下，住院医生下楼接过我的轮椅，老魏站在原地目送我进电梯，半天没动弹。我盖着厚厚的棉袄，在 6 月末的天气里微微瑟缩：什么时候才能好起来呢？

　　在敲下这些字的时间点上，我清楚地知道再过不到 48 小时，我将开始退烧。但在那个离开家人、独自被推回病房的时刻，在那个体温快飙升到 40℃、意识略微模糊的时刻，我还是有点想哭，为了刚才微不足道的胜利，为了胜利之后我又变成孤孤单单一个人。

7. 谁打败了幽闭恐惧症

　　曾经看过一则新闻，有个一两岁的小姑娘得了一种很罕见的疾病，在西安一家大医院治疗，住院才几天就花了55万元医药费，其中最贵的是一种特效针剂，打一针就要50万。此事被曝光到网络上，很多不明真相的吃瓜群众纷纷表示：怎么会有这么贵的药？医院为什么要用这么贵的药？为什么不能用又便宜又有效的药？结论是医院丧尽天良，想钱想疯了。

　　怎么说呢，能写下这些评论的人真的很幸运，他们肯定没得过大病，他们的亲人朋友应该也没得过癌症或是任何罕见病。但凡得过大病——不是打几天针吃几天药就能治好的病，不是全世界大部分人都可能会得的病——那就一定能理解，哪怕一针 50 万，只要对缓解病情有帮助，病人和家属最终还是会接受。甚至，还会有病人喜出望外——毕竟还有一种药，可能延长自己的生命。比失去金钱更可怕的，是眼看着疾病一天天发展，生命一天天流逝，灵魂一分一秒地从肉体中消散，却没有任何药物、任何手段能够遏制，哪怕只是让时间多停留一瞬，让相爱的人能从容道声再见。

在那样的时刻，钱的价值到底该如何衡量？如果天价能买来性命，买不买呢？薄利多销是经济界的天然规律。当得病的人少，药物自然没法多销，相应的药物研发和生产成本就越高昂，价格也就水涨船高。这样的疾病，并没有所谓更便宜的药可以选择，价格不菲的特效药就是太上老君炼丹炉里的仙丹，是能让人起死回生的灵药。一条命价值几许，谁能定义呢？就像已经在国内慢慢开展的卡替疗法，它是部分淋巴瘤患者的最终希望，但治疗费用极其昂贵，大约需要 120 万。一套房子换一次治疗机会，还不能保证治愈，换不换呢？

得病之后，我对钱想得比较多。因为从第一天开始，这病就给我上了关于金钱的崭新一课。

2021 年 2 月，在医院看过急诊后，经过外科主任的仙人指路，我们顺利找到了血液科的 J 主任。J 主任是个相当温柔的中年美女，圆脸短发，慢吞吞的性子——跟我的瘤子性格类似。初次面诊，她看了我的 CT 片子，很确定就是淋巴瘤，让我再做个 PET-CT，看看全身的情况。同时她和气而谨慎地提醒我们："PET-CT 比较贵，医保只能报一小部分。"

"需要多少钱呢？"

"一次的费用是 9000 多，医保报销 2000 块，剩下的自付。"

这是我目前人生中遇到的最贵检查。当时因新冠疫情影响，我的工资对半打折，一个月薪水也就刚能做一次检查。

没等我回答，主任继续说："整个疗程下来，大概要做四五次。"

就是从这一刻起，我对金钱有了全新的认识——别把它当个东西，连阿堵物都算不上，它就是个数字，单纯的数字而已。否则，没等病治好，心脏必定会受不了。

检查当日老魏陪我去核医学室，排队等着做 PET-CT。核医学室在医院地下一层，阴冷幽寒。排队等候的病人以老人家居多，陪伴在侧的大多是子女。墙上有详细的检查注意事项，比如病人挂了含有 18F-FDG 的示踪药水后，不能进入走廊，要在专门的等候室休息，因为身上已经有了放射性物质；家属也不要入内陪同，防止被殃及。几个浑身冒出放射线的病人并肩坐在沙发上（实在坐不住的还可以躺在一张诊断床上）闭目养神，像一群大白天站在树枝上打盹的猫头鹰。

挂药水后，正式检查开始前，还要不断喝一种含有造影剂的水，两者共同作用，通过葡萄糖聚集的程度显示病灶代谢的活性。原理是肿瘤的代谢活性高，对葡萄糖的需求更高，人体内有肿瘤的地方在片子上就会呈现出一片又一片亮闪闪的光斑。这种水每十分钟喝一杯，喝上三四杯之后，广播会呼叫病人的名字，提醒你排尿，然后再喝下一杯水。等把所有的水喝完，整个人已经到了走一步就浑身晄当的境界。此时，病人才可以进入诊室，躺上一台宇宙飞船那样的大机器，开始一刻钟左右的检查。

在治疗过程中，我总共做了五次 PET-CT，留下极深印象的有三个人。

第一位是 PET-CT 室里专司挂药水的护士大姐，40 多岁，略矮胖，声音如广播员般清晰爽脆，这大概得益于天长日久的练习——每个病人走进注射室，她都会用录音般精准的声调和语气把各项须知重述一遍："出去后用纸杯喝暖壶里的水，每十分钟喝一杯，最后听广播再喝一次……"

然而，她扎静脉的技术真是一言难尽。我在二疗后复查时遇见了她，她对我下手的第一针扎在左臂弯处，没见血。她满脸疑惑地自语："怎么没有呢？"一边用她那个年纪女性特有的大刀阔斧的气概，霸气地在我脆弱的皮肤下左冲右突，四下打探。她的打探不是细作式的悄无声息，而是张飞扬起嗓门大喊的那一声："老子来也，血你丫在哪儿啊？"我疼得龇牙咧嘴，忍不住建议："不如拔出来重新扎吧？"大姐想了想，否定了我，也不知是不愿轻易接受失败，还是觉得重来一次病人更易翻脸，总之她嘟囔着"再试试"，继续寻找着那根滑来滑去的血管。最终，我不争气的小细血管还是战胜了大姐的穷追猛打，就是滴血不出。

护士大姐果断拔出针头，也不让我压针眼，贴上一小块敷料，转而进攻我手腕处的静脉。结果一针下去直达麻筋，疼得我七窍生烟、五内俱焚，惨呼："疼啊！护士姐姐护士阿姨，扎到神经了吧？痛啊！"她满脸不信："啊？扎到神经？怎么会？你忍忍啊。"一边手下无情继续猛戳，疼得我想缩手逃走，奈何她另一只手紧紧按住我的脉门，遁走无路。她反复戳了几下，忽见回血，于是满脸喜色地放开了我："行了，输下试试。"

液体输上没多久，我觉得大拇指下方的手背处奇痛，定睛看去，那里的皮肤已经红得像煮熟的蟹壳。我赶紧招呼护士大姐："您看啊，手上都红了！而且好痛啊！是不是漏液了？"

她仍满脸不信："漏液应该往针头方向漏，你这怎么往针屁股方向漏？不对不对，肯定没漏。"

"可是很疼，还红啊。"

她想了想说："算了，现在医院都很小心，我还是给你拔了吧，咱们多一事不如少一事。"

我并不想多一事啊，大姐……

她拔针的动作也是我见过的所有护士里最凶猛的，可能核医学科室自带凶猛属性吧。就那么嗖一下，针头拔出，血花四溅，一块敷料啪一声按上去，也不让你按压，紧接着进入下一针……第三针总算扎进去了，我忍不住长呼一口气。护士大姐友好地对我说："对不起了啊，不过真没见过血管长得像你这么细的人。"我立马表示没事，都怪我的血管不争气。还没等我的自我批判结束，她已转身整理器具去了，留我一人继续絮絮叨叨表白自己血管的各种不足。

及至挂完药水，我扶着贴了三块敷料的胳膊，去猫头鹰集中的沙发上坐下，学着大爷大妈们闭目养神，同时开始喝第一杯糖水。一口水下肚，抬眼看见门口进来一位坐轮椅的老太太。她的家属不知是没看到"家属不许入内，防止辐射"的牌子，还是体质特异不怕辐射，反正是呼呼啦啦来了一大堆，约莫是儿子、儿媳、女儿之类。一群人簇拥着老太太去护士大姐那里扎针，只听得"哎哟""哎呀"之声不绝于耳。

过了一会儿，老太太的儿女分别按着她胳膊上的数个针眼出来，在我近旁落座。我忍不住偷眼去数，哟，老太太也有至少三个针眼！她儿子一边为她按压，一边念叨："妈，您这血管长得太细了，人家护士说都没见过像您这么细的血管。"

咦，这殊荣难道不是属于我的吗？要不是喝了药水必须保持安静，我真想举起胳膊好好跟老太太比试比试。等真躺上诊断床做检查时，我忽又释然了：这么贵的检查，多用几个针头也是好的；且人力也是重要成本哪，护士大姐在我身上花的力气、花的时间，难道不是钱？多少挣回点本钱了嘛。这么想着，顿觉愉快了很多。

还有一位难忘的人物是个年轻些的大姐，看面相50来岁。她可能是头一回来做检查，并未留意喝了水后应"保持安静，不要讲话"的提示牌，一心凑过来跟我聊天。

她先是探头看我："你多大啦？"

我紧闭双唇，目视前方，在礼貌与金钱（万一说话影响到显像效果，钱就白花了）之间纠结摇摆，最后头也不动地翕动嘴唇轻声回了句："不到 40。"

她看出我不想聊天，无聊地打起电话："啊，你过不来呀？那没事，你忙吧，我自己能行。"

听起来是本要陪同的儿子临时有事，不能来了。她落寞又无措的模样挺让人心软，于是当她挂完药水到处找不到水杯时，我冒着损失 7000 多块的风险，扬手给她指点了一下。

这一下令她得见曙光，挂着一脸近乎讨好的笑容，再次凑过来跟我聊个不停："你啥病呀？"

"……"

"谁陪你来的啊？"

"……"

她想了想，决定问个更实际的问题："这药水是十分钟喝一次呀，那总共喝几次呀？"

我心想墙上那么大牌子写着呢，就用眼神一遍遍逡巡在她的脸和墙壁之间。她疑惑地看我半天，嘟囔道："是嗓子不好啊。"

"……"

后来我进检查室的时候，她儿子终于赶到了，是个个子不高、脾气挺大的年轻人，一来就抱怨自己一路赶来多么遥远、多么不容易。大姐不顾自己已经喝了药水，慌慌忙忙站起来，走到候诊室外面的走廊上仰视着她并不高大的儿子，絮絮说着什么。

我心里突然一软，有些后悔，刚才若多跟她聊几句也好。

第三位留在记忆中的是个老大爷，也是初次做检查时遇见的。

见完 J 主任之后，当核医学这么惊心动魄的名词扑将而来，我其实很有几分忐忑。我一直有点幽闭恐惧症，这毛病似乎还遗传给了我娃，每次坐电梯对我们俩都是巨大的考验，偏偏我们家还在 20 多层，想要绕过电梯的可能性简直微乎其微。有一次电梯在 15 层出了故障，门开合几次都关不严，后来虽然好了，娃却死活不肯坐这台电梯继续下行。最终我们俩在一群人的注目礼中默默逃出电梯，走了 15 层楼梯。

因此，第一回做 PET-CT 前，我是有些恐惧的。随着输液、一杯杯喝水的流程有条不紊地逼近最后的时刻，我心跳加快，手脚发麻，冷汗直冒。百般恐惧中注意到身边一位老大爷和我一样等待着广播召唤，然而他比我淡定得多，端坐在沙发上，脊背挺直，双手撑膝，精神头十足。大爷进检查室后，我在门口一边咽口水一边盯着手机算时间，近 20 分钟了他还没出来，半小时了依旧没出来。我越来越慌：不是说 15 分钟就完事吗？为什么这么久啊？各种恐怖片里的镜头纷纷被惊恐的脑细胞调取出来，在我眼前放映血腥幻灯片——机舱出现故障，一片火花四溅，病人在医生们的惊呼声中被烤成漆黑的焦炭……

　　我被自己吓得几乎要夺路而逃。恰在此时，检查室的门打开了，老大爷的女儿匆匆跑进去，问医生："怎么这么长时间啊？"医生说得做全身，腿也要做，所以时间长。那女儿一边答应一边唤着老爸，可大爷依然双眼紧闭，静静地躺在检查床上没有丝毫动静。我凑到门口瞪大双眼，心里的恐惧不断升级，一声尖叫即将冲口而出。

　　结果医生走过去推了推大爷的肩膀，大声说："好了，起来吧。"

他方才睁开双眸，发出一声迷茫的呻吟，然后缓缓转头看向众人："好了？哎呀，一不小心睡着了。"

我的恐惧像一块巨大的玻璃，被老大爷轻飘飘一句话砸得粉碎。能让人舒服到睡着的检查呀，还怕个什么呢？带着解脱后充满喜悦的心情，我脚下生风地踏进检查室。因屋里甚凉，医生还好心地给我盖上一床棉被，哎呀妈呀，太舒服啦。可惜我只需检查腰部以上，一刻钟就出来了。下次一定要跟医生说："多查会儿吧！多查一会儿！"如果医生问为什么，我就告诉他，首先检查挺舒服，跟睡觉差不多；其次检查多贵呀，多查一分钟，我就赚了好几百块哪！

8. 300 天的忠实伴侣

生病前，我经历过最严峻的考验当数怀孕生子。怀孕期间，我对生娃到底有多痛这事无比忐忑，反反复复询问身边所有生过娃的朋友："到底痛不痛啊？痛不痛？"

有人说"痛不欲生"，有人说"跟拉屎差不多"。唯独好友王木木的回答令我耳目一新，她说："其实记不清了。"

"怎么可能！这么大的事都能忘记？"我双眼圆睁，深深怀疑她是不是被儿子折磨得提前患上了老年痴呆。

她慢慢悠悠（我就没见过她快起来的样子）道："真的，过几年就忘得差不多了，到时候你就懂了。"

后来我真的懂了。她必定更懂，因为几年后她又生了老二——还是儿子。我属于生得很快的，也折腾了两个多小时，但现今回忆起来，从上产床到孩子确确实实生出来，中间有一段记忆好似被凭空取走了一般。我只记得刚躺上产床时，一个短发护士大声叫我用力。再恢复记忆时，已经来了一堆医生护士，有人按肚子，有人托头，有人说："好了好了，呼气呼气，不要用力了。"她们是何时进来的，说了什么做了什么，犹如不小心曝光过的底片，凭空消失在空气里，丝毫没有在我大脑沟回中留下印迹。

我由此深深地怀疑，也许地球上的一切真是外星人安排的一场骗局，他们把不喜欢的部分随便抹除，只留下赏心悦目的事物。我那大汗淋漓、脸孔变形的模样大约不怎么招观众待见，就索性剪辑了事。当然科学理性的思路是，人会自动遗忘太过痛苦的记忆。

在 PICC 一事上，这道理似乎也同样适用。正式成为血液科病房的常客后，每次入院前护士都会问："有管吗？"就跟询问"你吃了吗？"一样随意自然。这里进进出出的男女老幼，人人胳膊上都有一根细细的蓝色管子。在化疗的八个月里，它沿着静脉血管蜿蜒至我们的胸腔之下，停留在伍迪·艾伦用"我的大脑是我第二喜欢的器官"这样矫情的方式暗示出的那个最最重要的器官附近。由于离心脏太近,大凡病人插管时总会有些紧张。但护士们大多经历过大风浪,无论插管还是护理都显得轻松淡定,以至于后来 PICC 换药室甚至成了化疗期间我最爱去的娱乐场所。

还是先从插管谈起,那是在第一次化疗前。插管护士有些岁数了,进来的同时把我妈赶出了病房,随即十分麻利地铺垫巾、消毒、戴手套。她还带着一个帮忙的小护士,小护士颤巍巍地说:"老师,我有点紧张。"听她这么一哼唧,我的小心脏也瞬间揪紧。还在插管的老护士倒很轻松,扬着嗓门说:"紧张啥?看着我就行了。"

真正插管时我扭过头不敢直视,似乎也并不怎么疼,一点点尖锐的刺痛过后,导管进入体内的过程很快也很顺利,留在外面的输液器被类似保鲜膜的薄膜覆盖并固定住。我妈脸色惨白地回到病房,她本来就对世界上的一切充满警惕和戒心:走在路上怕被汽车撞,走在楼下时刻提防高空坠物,去海边游泳总觉得淹死的危险无处不在,做个饭要防煤气泄漏还要小心有害物质导致肺癌……如今要在离心脏这么近的地方埋下一根异物，从我妈的角度来看，跟死也就是擦肩而过的事。

随后几天，伤口每次渗血，我妈都吓得打铃叫护士。可是插管后为了防止长血栓，还得时常捏一个塑胶球，类似老年人锻炼手劲的握力器，一活动就更容易出血。于是那几天，住院生活就是活动—出血—叫护士—再活动—再出血—再叫护士……成了个无限死循环。最后护士们一跺脚一咬牙，给我敷了一块银离子敷料，据说能止血消炎，就是挺贵。在金钱面前，出点血算得了什么呢？错了错了，是在出血面前，金钱算得了什么呢？后来再出血，我也忍着，挺到一周再换吧。

出院时，护士们兴高采烈地送别我——这个又爱过敏又爱换敷料的麻烦精终于要走啦！同时殷殷叮嘱："每周换一次药，洗澡要戴硅胶套袖，并且把两端用保鲜膜覆盖扎紧。"

"但是，"我看了看硅胶套袖，几乎盖住了半条胳膊，"那套住的地方都洗不到了呀？"

"对呀，就不洗了呗。"护士说。

"但是化疗时间有八个月呀！"我难以置信。

"都是这样的啊，"护士姐姐饱含深意地微笑着，"拿湿毛巾擦擦呗。"

事实上由于卡肺，我最后坚持了近十个月没有洗过右胳膊！

有件事令我略感安慰。一次在 PICC 室换药时，护士 L 打开我的敷料，看着许久未洗的胳膊，我羞愧地表示："真脏啊！"L 豪爽一笑："你算干净的，刚才有个病人，一打开敷料都是泥呀。"又一次，另一位年轻点的护士 W 安慰我："这是你身上最干净的地方，每次都用碘酒和酒精消毒，别的部位哪有这待遇！"

L 和 W 是她们每次换药后签在封口处胶带上的字母，大概是姓氏首字母吧。两位护士都爱聊天，PICC 室于是成了大家交流八卦、互通小道消息的最佳场所。我总觉得这里弥漫着英国小酒馆或法国咖啡馆的氛围，轻松愉悦，令人流连忘返。

印象最深的一次，我和 W 边换药边聊天，她神秘地压低声音："你知道为什么我们医院的窗户都只能打开一个小缝吗？"

我摇摇头："为啥呀？"

"有一次警察抓了一个卖淫的姑娘，她怕家长知道，当场就跳楼了。"

"啊！"

她对听众的反应很满意，继续道："后来警察把她送来我们医院，住进病房。姑娘趁人不注意，又跳了，这次没救回来，死了。"

我唏嘘不已："命多宝贵呀，这就死了，多不值得啊。"

她也很感慨："警察通知了她家里，她爸爸妈妈要来接她，她受不了啊。"

我们两个默契地沉默良久，这世上总有人用尽全力想活，也有人一念之差去死。

另一次，我们聊起每天在医院门口举牌子唱歌的一家人（夫妻二人带着脑瘫的女儿），牌子上写着控诉医院的各种言辞。我满腔八卦试探性地向 W 打听以上控诉到底是不是真的，她哈哈哈笑得很大声。

"你觉得呢？告诉你吧，他们家孩子早就死了。"

"啊？"我如听到了一个悬疑恐怖故事般兴奋，浑身汗毛都竖起来了，"那他们带着的那个孩子哪里来的？"

W摇摇头："谁知道啊，可能从哪里捡来的吧。他们家女儿确实在我们医院治疗过，但是脑瘫很严重，去世了。他们就又找了个病孩子，每天在医院门口唱歌。总有人给他们钱，情况好的话估计一天能赚个小一千吧，比我们挣得多。"

"医院不报警？"

"报过呀，警察来了赶走几天，过几天又来了。夏天不怕热，冬天不怕冷，啥都拦不住，天天来，早饭都带着到门口吃。"W笑道。

联想到近年的各种伤医事件，我感慨："你们这真是高危职业。"

她笑得更开心了，末了，挑挑眉毛："总得有人干呗。"

换完药我跟她说再见，她也摆摆手："下次见。"好似默契熟稔的老朋友。

还有一次，我在W这边换药，L那边有位大叔也在换药，他胳膊上的输液器是双头的！我忍不住一直瞟啊瞟啊，想看看更高级的双头输液器什么样子。W 非常理解地安慰我："他那个没你这个好，真的。"听她这么说，我就放心了。

L 年纪稍长，虽然没见过她摘下口罩的样子，但只看眉眼也觉得是个美人。美人尤其爱美，她经常引领 PICC 室的时尚潮流。有一阵子在 L 的带领下，护士们都迷上了 DIY 银耳环，各种花形的银托子中间镶嵌着小巧的红宝石或蓝宝石，戴在耳朵上熠熠生辉，很是亮眼。有次换药时，L 指着耳朵上的新耳钉问我："好看吧？"我一看，L 和 W 的小耳钉宛如身上的白大褂般统一，都是银托子里嵌着半粒绿豆大的红宝石，有点好笑又有点可爱，就憋着笑道："真好看。"

雍和宫的琉璃手链特别时髦的那阵子，我妈也专门跑去给我求了两串。去 PICC 室换药时我特意戴上，然后假装不经意地拉起衣袖，把胳膊往 L 面前一放。果然，她立刻惊呼起来："你这是雍和宫那个香灰琉璃的手串吧？"我矜持道："可能是吧，我妈给我买的，呵呵呵。"L 立马招呼 W 一同来欣赏，由衷赞美了一番。

在那漫长的见不到朋友逛不了街的日子里，真的感谢她们把我当成一个爱漂亮的普通女孩儿，给了我想要打扮得好看一点、生活得更好一点的动力。

当然也有不那么愉快的时刻。有一次我戴着美丽的洪湖赤卫队女队长同款假发，穿着精神的 FILA 运动衫，高高兴兴来到 PICC 室换药。在门口等待时遇到一位病友阿姨，她戴着一顶棒球帽，其下露出稀疏的黄发。我趁人不备偷偷斜睨了几下，无聊地数着她大约还剩多少根头发。

也许是感受到了我好奇的目光，她转过头来与我攀谈："哎，你怎么还有头发啊？"

周围等候的病人和家属好像默契地同时停止了交谈。我感觉一点红慢慢爬上双颊，尽量淡定地轻声回答："我这是假发。"

阿姨扬起嗓门称赞："哎呀，你这个假发好真啊！你不说我都不知道这是假发！"

好了，现在你知道了。

她还没有停下来的打算，抚摸着自己头顶为数不多的黄发说："我本来也有一顶假发的，我就想这会儿还挺热，戴假发出来多热啊，满头汗，还是戴帽子吧。"

我悄悄擦了一把鬓边的汗珠。不，我不热，真的不热。

L及时把我叫进去，解救了我。也不知她是听到了门口的谈话还是仅仅碰巧，临走时她说了一句："头发挺好看的。"

我眼睛蓦地一热，没敢回头。

和她们最后一次见面是2021年11月。我拖着一条肮脏的胳膊和一根直通心脏的小管子，经历了一年之中的三个季节，从凉到热，又由热转凉。

那天给我换药的是L，我说这可能是最后一次来换药了，治疗快结束了，该拔管了。L淡定地说："真好！"W依然在她的位置上，态度平静地帮一位一直抱怨的年轻姑娘换药。

虽然没看出她们舍不得我，但我真有点舍不得她们。不过，一万个确定，我还是希望不要再与她们见面了，就让往事留在回忆中吧。

写到这里，PICC的故事差不多该结尾了。这十个月里，PICC其实给我带来了好多麻烦，我不能拿重物，不能抱孩子，跟娃玩的时候要非常小心，晾衣服时连盆都不敢端。但现在能回忆起来的却都是还算美好的部分，那些不开心和不方便都变成了磨砂玻璃后影影绰绰的影子，看不真切，记不清晰。

也不知是外星人看不下去，剪掉了所有不愉快，还是大脑自我保护，只翻出开心的记忆保存。如今提起PICC几乎就等同于那间明亮干净的换药室，在那里有人讨论蔬菜价格，有人埋怨儿女不孝，也有人比拼首饰和美貌……那是一片白色的医院里最明亮的一间屋子，也是每个化疗病人心里最温暖的安慰。

Chapter 2

「病」没什么大不了

9. 千挑万选买假发

要谈这个话题，得从我小时候买冰棍儿的事情说起。

我出生在 20 世纪 80 年代头上，彼时的物质条件比如今差了十万八千里。记忆里儿时的夏日，也就四五种冰棍儿可以选择。最便宜的叫小赤豆，就是红豆汤加点糖然后屁股冲上冻成结实的冰坨子，由于制法简单，价格最便宜，只要一毛钱一支；中档的是花脸，巧克力帽子奶油脸的那种，五毛一支；比较高级的是白雪公主（也就是奶油冰淇淋）、紫米雪糕那一类，基本稳定在一块钱一支。

我通常都有点零花钱，外婆时不时给个一块五毛的，让我去买支中档的花脸。然而我思来想去，觉得买一支花脸不如买五支小赤豆。想象一下，炎热的暑假，我一个人舒舒服服坐在阴凉的客厅里看电视，吹风扇，一根接一根地嗍冰棍——写到这里竟然又想起了小赤豆的口感，略微带点沙沙的淡淡的甜。如果手里的钱是一块，那就可以买上十根小赤豆，相对于彼时家里小小冰箱中的小小冷冻室，十根小赤豆简直就是阿里巴巴洞穴里的宝藏，整个冰箱都因它们焕发出耀眼的光啊！而我那颗小小的心灵，就要被这么大一笔巨额财富胀破啦。当然，那会儿那个整天揪着稀疏小马尾的小姑娘，绝对想不到当年那朴素的价值观会一直延续到现在，在买假发这件事上继续发挥作用。

化疗开始前，医生已经明确告诉我，脱发是在所难免的。可我还抱着一丝侥幸，因为听说有人化疗后没有脱发，而且第一个疗程后的两周多里，我的头发一直比较坚挺。对脱发，我还没有很直观的感受。聆涛早早说要送我一顶漂亮的假发，我说不用急，头发还没掉呢。

但第二个疗程开始前的三四天，某晚洗头，我的头发蓦然像脆弱的爱情一样一碰就碎，再碰就落。很快，起床后的枕头上，梳过头的地面上，脱掉的衣服上，甚至吃饭时坐过的餐椅脚下，都是一丛丛一簇簇誓要与我相决绝的头发。更可恨的是，那些掉下来的头发基本都是黑色的，而牢牢守着我的头顶、坚定陪伴着我决不离弃的却都是刷白刷白那种……

我于是到处抱怨："瞧啊，掉的都是黑的，留下的都是白头发！"

我妈给我出主意："你那黑头发长在四周，一梳就掉，白头发都长在头顶，梳不到，要不你从头顶薅一薅？"一边说一边顺手从我头顶薅了一把头发，然而里面也就只有一根白色的。我当时正在喝水，被她一搅合一口水全呛进气管，惊天动地咳了半个多小时才缓过来。

掉头发这个事已经赤裸裸摆在眼前了，如果再不引起重视，可能在我采取补救措施前，一个惨不忍睹的斑秃脑袋就会抢先露面。为了避免出现这最悲惨的局面，我迅速发消息给聆涛，委婉地提醒她我开始掉头发了。聆涛说："直接转钱给你吧，你自己挑一个好点儿的呀！"就在这电光石火的一刹那，我猛然想起童年时的小豆冰棍，那满满一冷冻室的满足感击中了我。有主意了，我可以买两顶假发换着戴呀！

通过在某宝兢兢业业的数天搜索，我先敲定了一顶号称浅摩卡色的齐肩假发，下单次日就到手了。怀着激动不已的心情拆开包装——天呀！这是摩卡色？分明是鸡吃多了消化不良的那个啥……不过，这总比光着头出去强。再说我皮肤白，说不定搭配起来会有意想不到的时尚效果，所以就留下吧。第一顶假发不是特别满意，第二顶假发我继续努力，千挑万选，最终选了一款号称辛芷蕾同款、齐锁骨那种层次的短发。收到后的实际效果嘛，跟辛芷蕾肯定是没什么关系，乍看倒有几分《洪湖赤卫队》里双枪女队长的风采。

两顶假发在手，我踏实了很多。但是对一个秃子来说，这样就够了吗？显然是不够的。首先，住院期间我不能戴假发，每天躺病床上输液，假发必然被揉搓得不像样子。而且我也不好意思当着隔壁床大妈的面，每天睡觉前取下假发，坐在自己床头细心梳理——整得跟画皮似的，吓坏老人家怎么办？因此住院期间，我还需要一顶薄款的纯棉包头帽。在某宝勤勤恳恳翻看了许久，我买下一顶灰色带白边、饰有小老鼠图案的月子帽。

一收到我就迫不及待戴上给我妈展示："美不美？"

我妈看了一眼，撇撇嘴："怎么显得有点傻呢？"

我照照镜子："哎哟，哪边是正面啊？"

我妈恍然大悟："倒也不是帽子显得……"

心细如发的我，就这么满足了吗？并没有。一想到自己一定还有其（钱）他（没）需（花）求（完），我就心痒难耐，必须得折腾出个结果来。想了一晚上，总算找到一个破绽：还缺一顶睡觉用的帽子呢。成为秃头之后，失去了头发的保温作用，睡觉必定会头冷；加之化疗后身体虚弱，脑袋受凉可是很不妙呀。我又上网搜索一番，选定了一顶粉红色花边的真丝睡帽，能充分体现出我温柔如水的气质，也很配我白皙的肤色。

我兴冲冲告诉老妈，又买了一顶睡帽。她笑得差点背过气："你不会买了一个狼外婆那样的带花边的帽子吧？哈哈哈哈哈……"

我低头看看手机上的图片，这么说的话还真是……不过转念一想，大晚上睡觉，黑灯瞎火的，谁能看见谁呀，自己喜欢就行嘛。掐指一算，我虽然头还没秃，却已然有两顶假发、一顶包头帽、一顶睡帽，堪称准备充分了。

这般志得意满之际，我妈美滋滋地凑过来问："你好像很盼着头发掉光？"

"并没有……"

真正的大规模脱发，发生在第二次化疗期间。此前我妈提过建议，让我使劲梳头，把那些虚浮于表面不起实际作用的头发都梳下来。然而我觉得这样除了让自己更快变成真正的秃头外并没什么好处，断然拒绝了她。

二疗入院，我妈总算实现了她的伟大梦想，在三天无聊透顶的住院时光中成功找到了一件可以寄托她无限情思的事情做：每天拿把梳子在我头上连梳带拽，很顺利地把我梳成了裘千尺。跟我同屋的阿姨忍不住感慨："你这三天，头发眼见着就少了啊。"

出院后第一件事，请老魏把我剩余不多的几根头发推成了寸头。老魏一边推一边念叨："这会儿看你，真是有点可怜啊。"被他说得我也颇有几分心酸，忍不住掉下几滴鳄鱼的眼泪。

好在二十几天后，我的头发又随着春天的柳芽儿冒出了一些尖尖，可惜白色居多。有一天吃饭时，我妈忽然看着我裹着粉红纱巾的脑袋狂笑不止，以至泪流满面。

我说："你怎么了？噎住了？"

我妈说："哈哈哈，我觉得你的头好像那个魔草宝宝……"

我照了下镜子，矮矮的小发茬穿出纱巾的模样还真有点像魔草宝宝里的小种子发出了小绿芽儿。

总之，在掉头发这件事上，我深刻体会到自己原来生活在一个没什么同情心的家庭。每次跟我妈出门散步，只要遇见大风天，她都要一边偷眼看我，一边掩嘴偷笑。

有一次我忍不住问："你笑啥呢？"

她仿佛终于能把深藏心底的秘密吐露出来了，无比欢愉又轻松地回答："我怕你的头发被风吹跑，哈哈哈……"

我生病前，老妈给我买了一瓶日本洗发水，叫个什么楼，看上去很高级的样子。不过很快我就生病了，头发也日渐稀少。

有一天我妈小心翼翼地问我："你洗头用的什么洗发水啊？"

我思考了几秒后告诉她，没用那个什么楼了。

她放下心来，轻声嘀咕："就是，那个挺贵的。"

嗯，我知道我不配。

除了我妈，另一个与我血脉相连的女性也并未对我悲惨的遭遇表现出应有的同情。对女儿，老魏一直抱着尽量隐瞒的心态，怕她知道我病了、秃了会承受不了。所以见她时，我都戴着帽子或假发。

然而孩子并不是傻子，有一天她执拗地掀起我的帽子——没有想象中的相拥痛哭，她甚至毫不惊讶，而是一脸笑容："妈妈，你没头发啦，哈哈哈哈哈……"

我迅即跟她深入交谈一番，重点是她应该考虑我脆弱的心灵，绝对不要把我没头发的秘密说出去。

有一天，我顶着那个接近鸡屎色的假发带娃去公园。路上她一边斜睨我，一边掩嘴偷笑，那酷似我妈的表情让我顿感没啥好事。

"你笑啥？"

"妈妈，你耳朵边上露馅了。"

我强自镇定："你别看我，别人离得远看不出来。"

她转过眼睛，一路嘻嘻哈哈笑弯了腰。

还有一次，我戴着美丽的辛芷蕾短发带闺女乘电梯，里面站着一堆与她年龄相仿的小朋友以及陪娃出行的父母。百无聊赖之际，闺女倏地想出个整我的好办法，她盯着我的头发大声发问："哎，妈妈，你的头发怎么是假的啊？"各路视线唰一下向我袭来，我揪住她的小辫子，恨不能当场正法。等电梯停稳，我一手捂住她的嘴，一手拽着她的辫子，拖出电梯扬长而去，边走边想：反正你们不认识我，不认识我，不认识我。

不过遇见对门邻居就没那么幸运了。两家很熟悉，每次我不戴假发出门，比如开门放垃圾之类，都要谨小慎微地在猫眼中观察半天，再侧耳倾听对面是否真的没有任何动静，才敢谨慎动手。有一次，我正在微信上跟对门聊天，忽然响起敲门声。我以为是她聊到兴起直接来访，于是光着脑袋一跃而起，蹑手蹑脚迅速冲进卧室。我妈短暂怔愣后，笑到差点断气："你还跳起跳起走，好像只胖松鼠，哈哈哈哈哈……"

关于头发的故事太多，最后再补充一点。由于化疗药物的作用，三疗后我的手和脸都变得黄黑黄黑的，配上那个摩卡色，真是惨不忍睹。好消息是结疗后脸渐渐恢复了本来的颜色；坏消息是结疗后头发慢慢长出来了，估计假发很快就用不上了。这么想想，我还是觉得坏消息好一些。

10. "小姑娘，你有 18 岁了吗？"

　　第四次化疗之后，我经历了一次卡肺。简而言之，卡肺就是一种现在归于真菌、以前归于寄生虫的微生物在防线溃散的人体内横行肆虐而导致的会要小命的肺炎。专业术语不再赘述，我想聊的是自己心里那个版本的解释：我的病就像武侠小说里侠客身中慢性奇毒，化疗的过程呢，如同以毒攻毒；人中了毒可能根本没啥感觉——慢性毒药嘛，但用以毒攻毒之法来破解可就痛不欲生了，说不定会像西毒欧阳锋那样变得神经兮兮疯疯癫癫；四个疗程后，我身体里的毒与毒经过一番激烈的碰撞，斗争已达白热化，我可怜的柔软的小肺脏当然就受不了了，憋气、唇紫、高烧，这一切都是身体在反抗的表现。从这个角度来理解，卡肺也就不那么难熬了。

卡肺之后，我休息了一个月才进入第五次化疗。这一个月，毒物迟来，体内的细胞欢欣鼓舞，奔走相告，纷纷走上街头欢乐庆祝。我的身体和精神几乎都回到了化疗前的良好状态：每天跟我妈一起在小公园500米的跑道上快走数圈，有时还能去奥森公园转一大圈，整个人容光焕发，食欲倍增，开心不已。

然而，恢复也就意味着下一次化疗的开始。J医生接连好几个连环call，要我速速入院进行五疗。我只好收拾心情，蔫头耷脑地回到病房继续第五个疗程。也就是这一次，我遇见了一位眼睛不太好的病友阿姨。

阿姨姓什么我不知道，估摸着60多岁，身体瘦弱而为人极为硬气。瘦弱是肉眼可见的，她进病房时我微一晃神，还以为是一片纸随风潜入。正好那几天我在听一本魔幻题材的小说《西出玉门》，里面有皮影人成精、半夜奇袭旅人营帐的桥段。看见阿姨"飘"进来时，我不由脑补了一出皮影精怪的恐怖大戏，小小惊悚了一下。

她是真瘦，瘦得身上的骨头纷纷耸立出来，简直要刺破皮肤，也像一件过于宽松的人皮外衣直接盖在骨架之上。偏偏她还烫着那种中老年妇女里很流行的超显发量的狮子爆炸头，头发之下是瘦到凹陷的脸颊，我没敢聚焦细看。写到这里想纠正一个许多人都会有的不太全面的认识：并不是癌症病人都会严重消瘦。不同类型的恶性肿瘤对人体的侵犯有很大差别，又因治疗方式的影响，比如激素的使用，至少我见到的病友（包括我自己）都胖了起码十斤。阿姨的瘦，在我们这层病房里真是一股清流、一朵奇葩。

瘦阿姨有位护工大姐陪住，这大姐几乎处处是阿姨的反义词。首先她胖，胖得浑身圆鼓鼓，《羊脂球》里写胖姑娘的手指像是一根根被勒成小段的香肠，那大姐的手指就是一根根被勒成小段的火腿；如果说阿姨的脸是嵯峨的山峰，大姐的脸便是圆润的湖泊，还是雨季涨满水的那种，同时她兼有太阳晒过的黢黑肤色和高原红一般显眼的红脸蛋。再者，阿姨面色严肃，不爱言语；大姐喜气洋洋，朱唇未启笑先闻。两个人活像堂吉诃德与桑丘，一住进来就让我觉得本次疗程必定不会寂寞。

起初我没敢跟阿姨搭话，她看起来不仅严肃，似乎脾气也不太好。最明显的例子是做完腰穿后，她要躺在床上两小时不能起身，想让家人送吸管来以便喝水。新冠疫情期间，医院不允许家属送东西进病房，只能等护士有空去住院部楼下取，可护士们都很忙碌，往往不能及时下楼。阿姨非常气愤，平均每隔十分钟就喊大姐催一次护士。开始护士们还好言相劝，催多了人家也讨厌，不爱搭理，只说等着。阿姨于是更加火大，冲大姐嚷嚷："你是我请的护工，你不去解决问题，傻站着有什么用！我要喝水！我要渴死了！我要死啦！我要死啦！"

　　大姐被逼得一次次跑护士台。可在那个时期，病人只能按铃召唤护士，不能走出病房在走廊里乱窜。可怜的大姐跑了几次护士台，却被护士们义正词严地怼回房间，陷入了腹背受敌的尴尬境地。她只能站在病房门口，用眺望远处的造型表现出自己正在尽力引起护士的注意，同时身体小心谨慎停留在房门以内，让护士们犀利的眼神丈量出她遵纪守法的双脚并未越雷池一步。

　　终有护士不堪其扰，通融了一把，让护工大姐自己下楼取来了吸管。获得新生的阿姨一边喝水，一边继续念叨：

"你怎么这么呆啊，就知道傻站在那里。你是我请的护工，我问问你，我姓什么叫什么？你看看你，记不住吧？你要记住啊，来，跟我念……"

我在隔壁床嗑着瓜子，听着一旁的情景剧，暗觉大姐好可怜。阿姨呢，似乎更吓人了。而跟阿姨的首次对话也发生得不怎么愉快，再次加深了我对她的坏印象。

阿姨比我进病房晚，等她输完漫长的靶向药已是晚上10点钟了。住院期间，我秉承没事就吃吃完就睡的原则，9点就已安然就寝。阿姨输完液时，正是我刚入睡的阶段，恍惚幽梦中，只听得隔壁有人起来洗漱——这得忍，人之常情嘛；然后是吃饭喝水吃水果——还得忍，人之所欲嘛。

再后来阿姨心情转好，跟大姐大声聊起天来："这个李子好几十块一斤，你吃吃，可甜了。"

大姐推辞："不要不要。"

阿姨扬声再道："吃嘛吃嘛。"

"不要，不吃。"

"不要客气，吃呀吃呀。"

"不吃不吃，你吃你吃。"

阿姨说到得意处，声调更高："贵着哩，可好吃，我女儿在网上买的，她们年轻人都会上网买东西，我不会。她买了我就吃，哎，还真不错。你快吃，你别不吃，你不吃明天也要坏，吃嘛吃嘛……"

她们俩就这样扬着嗓子推让了半天。

我终于忍不住说："阿姨，咱们明天再聊啊，我这都睡着了……"

本以为按阿姨的暴脾气，也许免不了一场恶战，谁知她语带歉疚地马上回道："哎呀，对不起，对不起！我们也赶紧睡了。"

一夜安静。很幸运，她们两个都不打呼——我妈由于打呼在医院经历了好一番折腾。

次日早上，本就有点怕她的我更加不好意思面对她。倒是她主动用目光追着我，好不容易碰上眼神，立即笑眯眯跟我搭话："小姑娘，你有 18 岁了吗？"

一缕阳光刹那照亮了我躲闪的双眸，从眼到心，一阵暖流汹涌而至。生病以来，头发掉光，日渐发胖，对外貌我已不作他想，让往事随风，都随风。直到此刻，这位独具慧眼的阿姨拂去尘埃，扒拉出了我深深隐藏的年轻貌美，怎能不令我感动，不令我瞬间引她为知己？谁说阿姨脾气不好？谁说阿姨嗓门太大？谁说我跟谁急！

我连忙谦虚："哪有哪有，快 40 岁啦。"

阿姨惊叹："看着你跟 18 岁似的，我还说这么年轻怎么也得这个病呀？"

我趁机搭话："阿姨，您也是这个病？"

"是啊，我之前长在眼睛里了，动了手术，但还是不行。这不来北京治，让化疗呢。"

"那您眼睛现在好了吗？"

"不好嘛，左眼看不见呢，右眼能看见一点。要不找个护工呢，怕走路撞墙上。"

难怪她把我看成 18 岁。然而，我们还是开开心心当起了同屋病友，相处得很愉快。虽然阿姨对我年纪的判断含金量不高，但与阿姨和大姐的相处，仍然为枯燥无味的病房生活增添了不少乐趣——我检讨，看热闹不是好行为，以后一定改。

第二天晚饭时，阿姨和大姐已经吃着同一份菜，聊着各自的儿女家常，其乐融融了。

出院那天，我早早收拾好行李，换掉病号服，一边跟阿姨和大姐一遍遍说着告别祝福的话，一边等着老魏开车来接。闲极无聊清点了一下护士带来的药，发现居然少了一袋。找护士沟通，正碰上急脾气的那个，她不耐烦地说药是不可能错的，肯定是我早上吃了又忘了，不信就把垃圾倒出来找找药品包装袋。说完她就潇洒地忙别的去了。

我一口气堵在胸口不痛快，想来想去必须有个结果，最好能啪啪打脸那种（希望不是自己的脸）。于是真把房间里的垃圾桶搬去阳台上翻倒，在香蕉皮、山楂片包装袋、痕迹可疑的卫生纸中间一顿翻找。

当时同屋阿姨和大姐该是怀着怎样的心情面对那堆垃圾的呢？事实上她们并未表现出任何一点不耐烦、厌恶或反感，反而一直帮我出谋划策，提醒我会不会把药塞在了眼镜盒或是衣服口袋里；安慰我不要急，大不了找医生再开一次；哄劝我跟护士搞好关系，不要生气，要团结一切可以团结的人……

回忆起来，最初那个让我烦闷的嘈杂夜晚，阿姨是在经历了六七个小时一动不动的输液后（靶向药需要加心电监护，人基本只能躺着不动），好不容易轻松下来，才有心情聊几句天吧。如果我再等一等，最多一个小时，她必然也会睡觉。我却几分钟都等不了，出言不逊，让她重获解放的快乐被迎头浇上一盆冷水。轮到我翻找垃圾污染病房，她却没有恶语相向，反倒给了我满满的理解和宽慰。

人真是不能随意定性的生物，暴躁或温和，好相处或难搞定，常常是各种情境之下的特定表现。要想完全了解一个人，哪有那么容易呢？

最终药找到了，是我粗心，早早把它们塞进了箱子。

在后续的治疗中，我和阿姨没再碰过面。但我知道她的女儿是高知，学习好，人也孝顺；她也知道我有一个不学习就快乐、一学习就生气的调皮小丫头。我们分享了彼此的生活与珍视的对象，或许就能算是朋友了吧。我时常想起，那位视力不太好的病友阿姨可是温柔对待过我，还以为我只有 18 岁呢。

11. 韭菜盒子大挑战

　　我们南方人是不太会做面食的——其实我和我妈属于任何菜式都不甚擅长的类型——一日三餐若想吃点饼子包子之类，只有一条路，就是去外面买。在我们生活的那座南方小城，有类似烦恼的人应该很多，所以市售面食品种繁多、花样百出：香脆的韭菜粉条馅炸饺子，带着葱花和猪油香气的美味黄桥烧饼，还有最为著名的扬州包子——我最喜欢三丁馅。

　　然而北京就没有这么丰富的选择了。不知是由于北方人自带做面食的天分，还是大城市对小摊贩的管理过于严格，总之在北京，如果早晚餐时心血来潮想买些主食配合绿豆稀饭，基本就三种选择：一是去超市的主食柜台，那里虽有馒头包子，但味道难以恭维；二是去好适口一类的主食专营小店，味道稍微好些，可是量小又贵；三是去街头找个看着靠谱点的地方买张煎饼，但吃久了也觉得腻烦。

第六次化疗结束后的某一天，我和我妈又在为晚饭吃什么而发愁，这时我妈提出了一个大胆的想法：自己做韭菜盒子。我在婆婆家见她做过韭菜盒子，就我的观察，韭菜盒子是种简单易做的面食。但鉴于我婆婆是个资深面食制作者，我对自己的印象也不是很有把握。我妈也觉得韭菜盒子做起来应该很简单，我们肯定能做好，她只是有一些小小的问题不太确定：韭菜盒子的面是发面吗？韭菜需要挤水吗？怎么把韭菜完美地塞进面皮里合拢起来而完全不露馅呢？

我想了想，发现自己也不知道答案，于是去网上找食谱——发达的网络真是吃货福利，很快就找到了一系列关于韭菜盒子制作的小视频。可还有一些细节不能确定，比如"煎至两面金黄"，大约需要多久才能实现"两面金黄"的效果呢？如果用大火，也许一分钟就能煎黄，小火却需要好几分钟。这种语焉不详的食谱与"少许盐""适量水"

一样，作者先入为主地以为看菜谱的读者已预先获取了自己脑海中的既有常识，因此简单的文字描述就能开启一段顺畅自如的烹饪之旅。

这方面我其实挺佩服老魏，佩服这个词还不够准确，以他的行事风格，假如撰写菜谱必然不会犯下此类错误。作为标准的理工男，他做任何事情都要用数据量化：当我不确定晚饭需要几根排骨时，他会直接称一下重量；给女儿的浴盆接洗澡水时，他必须用温度计量一下水温；最让我不能忍受的是，夏天开空调，冬天开暖气，他也严守温度计的指示，不管我说"快要热死了"还是"马上冻死了"，他都只是严肃地举起温度计，告诉我那都是我作为一个生理状态极度不稳定的人类的错觉而已……一切要看仪器，要读数据，这才是永远的真理。可惜老魏语文不好，不爱写字，成不了菜谱作者。

我联系了最会做面食的同事 X，她给了我详尽的建议，也给我更多信心——她用东北人特有的泰山崩于前仍是"这个简单啊，铲走不就完了嘛"的潇洒态度，告诉我做韭菜盒子的确非常容易。

跟 X 通完电话，我顿时自信爆棚，协同我妈去菜场买了半斤韭菜后匆匆赶回家。我负责把碧绿碧绿的韭菜一根根洗净切碎。我妈打了几个黄澄澄的母鸡蛋炒熟，又抓了一把干虾仁泡发切碎，至此犹嫌美中不足，再抓一把红薯粉条泡发焯熟，让负责调味的我拌进馅料里。可惜进行到这一步的时候，粉条已经变成一坨坨的了，我觉得把它们放进馅里实在不太明智，就偷偷倒进了垃圾桶。好在直到韭菜盒子吃完，我妈也没想起问粉条去了哪里。

按着 X 的指示，应该先和面，然后准备馅料。但是我和我妈头一回摆布这么大阵仗，难免沉浸在某些步骤中激情四溢、难以自拔，比如洗完韭菜不马上把它们剁碎就觉得人生不完整，或者炒完鸡蛋不马上将其和韭菜混在一起就怕它们要害相思病。等韭菜鸡蛋凑到一块儿后，不速速加入翘首以待的调味料和切切盼了许久的虾皮，对后来者岂非不公平？

因此，从择韭菜开始我们就误入歧途，一步步走向馅已经调好、面还不知在哪里的谬误深渊。是的，当馅料完全就绪、嗷嗷待包的关键时刻，我才想起找面粉，这才发现家里的面粉袋子已经基本见底。

"妈，你看这点面粉够不够？"我把剩下的面粉全倒出来，仅仅在巴掌大的碗里铺了个碗底。

我妈探头看看，有点心虚："你还是问问老魏吧，我也不知道啊。"

我给老魏拍了张碗中面粉的全身肖像照，请他定夺。他在电话那端笑得屁滚尿流："哈哈哈，这点面粉最多包一个盒子。哈哈哈，你们为什么不先看看还有没有面粉？哈哈哈，家里没有面粉了，就这么多。"

我和我妈对着一堆韭菜馅沉默了几十秒，还是我先从沉痛默哀中反应过来，抓起手机迅速订购了一袋面粉。好在身处中国，任何东西都能从网上快捷买到，感谢各种外卖，感谢外卖小哥，感谢智能手机。此刻唯一需要担心的是韭菜馅可能经不起这么漫长的等待——X说韭菜放久了会出水，影响后续程序。聪明如我左手抄起香油瓶子，右手一顿狂搅，看着微黄剔透的香油涓涓流向碗里的黄鹂翠柳，一边闻着诱人的香气，一边祈祷这美丽的液体至少能帮助韭菜们保持住面子上的冷静和克制。

等呀等呀，一刻钟过去，面粉还没来。我一遍遍计算着快递员到店的时间，在脑海里演练他停车进店的情景，也许他会与店员寒暄几句"今天天气真不错啊""可不是嘛"之类的闲话，然后拿起面粉跨上坐骑，一路绝尘，以"十步杀一人，千里不留行"的潇洒与果断直向我家飞驰而来。我一脸期待打开房门：哎，还没来啊！看看表，怎么算都该到了呀。我忍不住联系客服表达了希望能尽快派送的愿望。半小时后，我们的面粉终于送到啦！

　　面粉送达，韭菜盒子的基本架构眼看有望了。我妈觉得和面这么重要的事还是需要她亲自出马，在她一番猛如虎的操作后，一坨奇形怪状的面团应运而生。我谨慎地建议，是否至少把面团揉得更光滑圆润一点？但她坚持认为面揉多了会变得很硬，结果这团面就一直带着满脸很丑的大坑小洼，以奇特诡异的扭曲姿态静静在案板上躺了半小时。

　　总算到了最关键步骤，我根据看菜谱所得跟我妈商讨了一阵，令她明白应该把面团分成剂子。我们总共揪出四个剂子，我妈就势把第一个剂子擀成了一张七八边形的皮。

"妈，我觉得你应该把它擀圆一点。"

我妈蛮横地开始往那个倔强的面皮上填馅，并以同样的倔强一遍遍推开我企图挽救的双手："你走开！不要你管！"

既然改变不了面皮的形状，只有在填包的过程中尽量小心，在能多包馅的部位多多努力，不能包馅的部位提高警惕，最后捏合四边时分外加力。第一个韭菜盒子终于包好啦，是个看起来非常完美、鼓鼓囊囊的胖大饺子。虽然边缘有点厚，皮也不太薄，不过应能当得起"很不错"三个字。后面的三张皮，我妈已能镇定地擀成圆形了，虽说还是有点厚。

我连忙起锅烧油，万分谨慎地放进去第一个盒子，然后是第二个。两个大盒子你挤我，我压你，委委屈屈地将就在一口煎锅里。火苗在灶台上吐着垂涎欲滴的红舌头，袅袅香气伴随着滋滋啦啦的声音蒸腾起来——煎盒子的人比擀面皮的人占便宜多啦，仅闻这香气就能多长二两肉。X 告诉我，两面煎好后，还要把盒子的中间部位立在锅里，令其充分均匀受热。但我们包的盒子无论如何也不能以侧面着地的姿势踏实站住，我用锅铲和手摆弄了半天，眼见脆弱的封口处岌岌可危，有严重的露馅危险，这才索性死心——看上去分明也是熟了嘛。

四个热腾腾、香喷喷的韭菜盒子上了桌，正待大快朵颐之时，我妈忽然想起她在哪篇推文里看过，肿瘤病人不宜食韭菜。我心里斗争了十秒钟，随后坚定地表示就算此时天上下刀子，我也得先吃完再说。抱着这样大无畏的信念，我们俩一人吃了两个硕大无朋的韭菜盒子，撑得我差点当场被送走。

在吃过这顿饭的三天后，我依然胃痛、恶心、腹泻，绵延若干日。直到此刻我才隐约记起之前看到的各种知识和遭遇过的惨痛教训。一些化疗药物会损伤人体的黏膜细胞，因此每次做完化疗，我都会口腔溃疡加胃部隐痛，至少一周才能恢复正常。可由于韭菜盒子的巨大诱惑，我居然忘了胃黏膜可能会受损，投喂给人家一堆又油又烫又难消化的食物，让可怜的小胃胃情何以堪哪。

后来例行去医院复查时，我说近期胃不太舒服。医生说："天热吃东西要注意呀，不要吃生冷，尤其不要吃太多油腻的……"听着这番话，我不禁低下了罪恶与羞愧的头。

后来的两个疗程中，医生给我增加了两种胃药，一种是保护胃黏膜的吉法酯，另一种是——天哪，我忘了它叫什么名字！也许化疗真的会损伤大脑，病友们常调侃自己是"化疗脑"。连我娃都学会了在我智商掉线时感慨一句："妈妈的化疗脑又犯了。"

生病当然不是好事，但人真是容错率很高又极其坚强的神奇物种。我们会在病痛中努力寻找点滴乐趣，事后回忆起来，留下的往往不是深刻的痛苦，而是那些庸常的欢乐。也许不仅是人，所有生物都有这样的本事：在生命的泥淖里，用尽全力好好活下去，把星星点点的欢乐小心翼翼地粘贴在褴褛的衣衫上。

补记一下，第一次做的韭菜盒子圆满成功后，我妈信心膨胀地表示，如果再来一次，就算用剩下的那点只能铺满碗底的面粉，她也能把盒子像模像样地包出来。

我："但是那点面粉不够做出四张皮呀？"

"我可以把皮擀薄一点，薄皮大馅才好吃。"

"那下次你试试。"

我妈沉默了一会儿，说："算了，太麻烦了，下次我可不做了。"

唉，我就知道!

12. 阳光房里的茶话会

化疗期间，我最大的愿望，一是拔掉 PICC，痛快地搓个澡，再把自己放进浴缸温暖的热水里泡一泡，没有硅胶袖套，没有一层层保鲜膜缠成捆蹄状的胳膊，不用看着身上半年不洗的老泥犯恶心；二呢，就是可以跟朋友们找家馆子大吃一顿，开开心心热热闹闹出去浪一把。

然而好容易熬到第八次化疗结束，才发现自己太过天真，大约世事如此，事与愿违总是占了大多数。先说第一个愿望吧，截至写下本文的今天，我已结束化疗两个月了，却还未曾实现泡澡的梦想。治疗期间遇到一位阿姨，她告诉我十年前她曾患过乳腺癌，化疗结束后一个月她高高兴兴去泡温泉，结果插过 PICC 的那条胳膊肿成"这么粗"——

她双手给我比画了一个大饭碗碗口的尺寸——很久都没消下去，医生也说不清原因。我听了后万分惊悚，想到自己插管的伤口还会时不时疼痛，泡热水澡的念头顿时偃旗息鼓。

再说第二个愿望。结疗时，我的腹膜后还有一个六厘米左右的残余肿物，虽然看起来没什么活性了，但医生不放心，坚持让我继续口服免疫抑制剂。这种药会降低白细胞，使我始终处在柔弱易感的状态里。朋友们是不敢见了，外面的饭馆更不敢去，加之新冠疫情反反复复，我的生活仍被限定在家与楼下小公园这小小的一方天地里。

因此，对结疗三个月后的第一次维持治疗，我其实是有几分期待的。一早起来正正经经穿起白色修身羽绒服和绿色粗呢格子外套，又把我的洪湖赤卫队女队长假发套上，照照镜子自觉很是不错。

我妈说："你去医院应该穿旧衣服，别戴假发，戴个帽子，回来好洗。"

我说："亲爱的妈咪，现在去医院对我来说属于社交活动哦。"

抱着这种要去医院开茶话会的心情，我在背包里装上了海苔肉松卷、巧克力面包、鸡蛋小煎饼、两个香辣鸭胗以及一盒自热牛肉面，又把充电宝、笔记本电脑、耳机通通都带上，准备好好享受进可热情聊天、退可自在娱乐的充实一天。

　　写到此处，有必要交代一下什么是维持治疗。首先要明确的是，淋巴瘤有很多类型，我所患的滤泡型淋巴瘤是不能治愈的，也就是说或迟或早它总会复发。医生的治疗目标就是尽量延迟它复发的时间，让病人获得更长的无进展生存期。因此在化疗取得了较好效果，把既有的肿瘤消灭后，就要进入维持治疗阶段，每两到三个月输一次靶向药，或再加口服免疫抑制剂，尽量将疾病的复发周期延长。

　　维持治疗只需要输一种靶向药，一般无须在病房过夜。住院部有一间特殊的小屋叫日间病房，大家称之为"阳光房"，里面摆着四张很舒服的大沙发供输液病人使用。最初听护士说"阳光房"，我还暗自诧异，这间屋子连窗户都没有，按说怎么也跟阳光沾不上边。仔细研究后才了然，小房间的一面墙上贴着一张阳光灿烂的风景画，就是高速公路边常见的小饭馆里最爱贴的那种，将具象风景（如一片绿茵茵的草场）与抽象风景（如镭射光般的灿烂阳光）有机结合，最终呈现出某种超现实主义风格。装修者的本意肯定是想让来治疗的病人们感受到阳光般的温暖，唤醒大家生活的热情，安慰彼此受伤的心灵。不过就我的真实体验而言，设计者未免多虑了，病人们大都把这里当成了为数不多的社交场所，抱着欢乐一日游的心态来的。

我进去时，屋里的四张沙发上已经坐了三位，其中一位是跟我聊过乳腺癌的阿姨，另一位也是熟人——做过自体移植的阿姨，只有一位大叔不曾见过。乳腺癌阿姨圆圆脸，高大健壮，说起话来底气十足，完全不像双癌在身。她坐在沙发扶手上，尽量让庞大的身躯在窄小的扶手上保持平衡。

大叔问："你怎么不坐沙发里面呢？"

她摇摇头："这太软了，坐上去跟掉陷阱里一样。"

虽然保持着这样高的警惕性，但乳腺癌阿姨吃东西倒是一点也不挑剔。我们都对医院的配餐表示了极大不满，只有她毫无察觉地睁大天真的眼睛："医院的饭难吃吗？

我没觉得呀。嘿，我这人给什么都能吃。"

午饭时我掏出了自热面，一开封便引起一片"真香"的赞叹声。对面大叔亮出了自己包的饺子，也吃得很香。乳腺癌阿姨最简单，拿出一块面包四下让了一圈，然后津津有味地吃光光。最有意思的是移植阿姨，她带了一个偌大的不锈钢保温桶，每隔几分钟就从里面拿点东西塞进嘴里，可动作十分隐蔽，以至于我就坐她正对面，相距一米以内，愣是没看出来她吃的到底是什么。

每当护士过来加药，都会例行问一遍："你叫什么名字？"移植阿姨的回答听起来像是"刘翠荣"，最后一个字的发音介于"勇"和"荣"之间。没有一个护士不在此时呆立当场，沉默几秒后再问一次："你叫什么？"

好在我们都熟悉了，我或乳腺癌阿姨每次都抢着替她回答："刘翠荣。"

移植阿姨的普通话极不标准，却又非常爱聊天，因为不能很好地交流，基本充当着捧眼的角色，在每个人的发言后面缀以"啊""哈""咦"等语气词，并配合各种表情，尽量达到参与聊天的目的。比如乳腺癌阿姨说："我这个人啊，就是能吃能睡，我能从晚上 6 点睡到第二天早上 5 点。"移植阿姨连忙跟着"啊——"的一声。乳腺癌阿姨又说："我可不能睡午觉，一不小心就连着晚上一起睡了。"移植阿姨也马上跟进："哈——"

偶尔聊天因各种原因中断，移植阿姨抓住机会当仁不让引领话题时，我只能通过观察她的面部表情，试探性地调动脸部肌肉，展现出与之一致的五官搭配方式，假装我很知道她在说什么，始终与她心有灵犀、心心相印。

有一次，移植阿姨问乳腺癌阿姨："你是外地的吗？"

乳腺癌阿姨说："不是啊，我就是北京的。"

移植阿姨使劲摇摇头："不是，我是问，你是外地的吗？"

乳腺癌阿姨把求助的目光投向我，一边迟疑着回答："我是北京的，不是外地的啊。"

移植阿姨急得两只瘦手在面前使劲挥动，仿佛想借此把自己脑中所想直接投递进我们的大脑里："不是不是，你，你是外地的吗？"

乳腺癌阿姨不敢回答了。我倏地灵光一现："您是想问，她是不是 W 大夫的病人？"

移植阿姨终于满意地笑了，我也深深为自己的聪明才智而倍感自豪。

我们这屋里只有一位男士，也是唯一一位非淋巴瘤患者。老爷子得的是 M3 型白血病，看得出来他深深为此自豪："我这种病，是中国已经攻克了的，我们的治疗方案、用药都是中国自己的，明白吧？你们这个病，指南都是国外的，明白吧？你们的药也是进口的，明白吧？"

我接了一句："也有国产的药。"

他想了想："那也是仿制的，明白吧？"

我无力反驳，乳腺癌阿姨对病情相关参数都搞不清楚，移植阿姨就算搞得清楚也说不清楚。于是在我们的集体沉默中，白血病老爷子占据了病房最高峰，开心得满面红光，饺子也吃得分外香。

吃过午饭，医生来找乳腺癌阿姨谈话，告诉她用了半年的口服免疫抑制剂可以停药了。阿姨迟疑半天，好似对这药还抱着依依不舍的心态。我忍不住羡慕加嫉妒地说："能不吃药多好啊，这种药吃多了还会增加患第二种癌症的可能性，您都已经两种了……"阿姨想了想说："唉，听大夫的吧，反正我啥也搞不清。"

啥也搞不清的乳腺癌阿姨最早完成输液，也不等做例行心电图就试图拉着移植阿姨一同逃走，后者谨慎地表示自己还是要做个心电图的。于是乳腺癌阿姨大大咧咧高高兴兴地跟我们挥手再见，率先离开了病房。

后来医生过来给她送出院须知，问我："人呢？"

"走了……"

医生满脸蒙圈，大约是没见过如此轻松愉快的病人。不过若非如此，乳腺癌阿姨又怎能在双癌在身的情况下，还吃得下睡得着，乐观而坚强呢？

紧接着，白血病大叔也输完了液。他穿上大衣，拎上公文包，反复强调自己得抓紧回家给老婆做饭，以及过两天还有个工作需要出差，便迈着日理万机的矫健步伐匆忙离去。移植阿姨小心翼翼地调整了半天舌头，让护士理解了她还有个心电图没做，做完之后也离开了。

回想一下，今日最大收获应该是午饭时我趁机讨教了蒸包子的秘诀，上次和我妈一起蒸的包子就跟耄耋老人的脸一样抽缩得不成样子。乳腺癌阿姨告诉我，开火前包好的包子还得在锅里继续醒发 20 分钟；移植阿姨补充，面得发到暄软、一戳一个坑还能回弹的状态。

下午 5 点，我的储备食物只剩下一块巧克力面包。此时想着热腾腾、软乎乎的包子，未免对自己有些残忍，我就把面包吃了，一个人静静地听了会儿歌。

快 9 点时，我的液体也输完了，今日份社交结束，下一次要等三个月之后了。回家固然开心，但也隐约有些寂寞，且盼着下次再与他们碰面吧。希望那时我能蒸出像样的包子，希望移植阿姨的普通话进步，希望白血病大叔出差顺利。乳腺癌阿姨呢，真没啥可祝福的了，她简直什么都好啊。

13. 小童工与盲人摸象

2022 年 3 月 3 日，是我第二次维持治疗的日子。

维持治疗 = 复查（这个最可怕）+ 饿上大半天（这次饿到快 11 点，还算好，还有饿到下午的时候）+ 坐在一张很高级的沙发上，可以一会儿躺下去一会儿坐起来（这是加分项）+ 多个针眼 + 损失七八管血 + 遇见不同的病友（这是最值得期待的部分）。

早上我到病房门口时，碰到一对老夫妻和一位外地大叔。他们都是住院病人，只有我是阳光房里的挂床病人，所谓挂床就是白天治疗，晚上可以回家。住院病人要等所在病床的病人出院后才能住进去，因此这种等待是没有标准时间的，运气差的可能得从早上 8 点等到晚上 8 点（我见过一个等在病房门口的小伙子在 12 个小时里变换各种造型，最终把自己摊放在已空无一人的长椅上，简直像件行为艺术品）；运气一般的从早上 8 点等到下午 4 点（我就经历过好多次）；运气好的能在两三个小时内进入病房，也就是说中午来得及在属于自己的温暖病床上吃上一顿泡面，实属幸运。

当我发现自己是唯一的挂床病人时，那种"哈哈，等会儿你们就看着我先进去吧"的心情忍不住冒出了头。然而这莫名其妙的优越感并没保持多久，10 点半左右，两位病友陆续被小护士接了进去。而我呢？"因为……所以你再等会啊。"护士说了一个理由，我完全没听清。

又等了快一个小时，我总算进了病区，端坐在了很高级的皮沙发上。这才知道，原来今天是工人师傅给阳光房门口砌了一个小坡坡以便输液架滚上滚下的大日子。那个灰不拉唧的小坡坡需要时间晾干，修补它的师傅正坐在阳光房的四张皮沙发之一上劳累地喘着粗气，明显并不想与我攀谈。

对面沙发上坐着一位操山西口音的大叔，他的液体输完了，自己找不到呼叫按钮，便求助于我，我帮他按了呼叫。

护士在那头问："叫什么名字？"

我如实传达："你叫什么名字？"

他："××健。"

我："啥？"

他："××健。"

我只好冲着呼叫机胡乱倒腾了一下舌头，只突出最后一个"健"字，护士居然懂了！果然人类是充满智慧的动物啊。

化疗期间我最爱看的一部美剧是《外星居民》，2022年推出了第二季。它的设定其实不新鲜，但外星人哈利的角色着实戳中了我，或者说他和我太像了。比如哈利站在马路中间，斜挑眉毛，暗自腹诽："你们这些低等愚蠢的人类啊，在你们地球上，只有我才是最高级最聪明的生物，哼哼……"此时一辆车在他身后猛然停下，司机从车窗探出头破口大骂："你个大白痴，站在马路中间干啥呢？快滚开！"

天哪！编剧是照着我创作人物的吧？同样常常莫名好

胜、莫名得意、莫名优越……比如前几天下楼跑步，遇见一个小姑娘也在跑，为了赢过她累得我满身大汗。还有一回去朋友家做客，我说来的路上心脏有点不舒服，朋友说起她大学时曾查出心律不齐，我立马生出一丝得意——我可是上高中就心律不齐了呢！与此同时，我这人又超乎想象地笨拙愚钝。比如输液期间我推着输液架去上厕所，在新砌的小坡上差点绊倒两次，一次多亏路过的护士救了我，另一次我干脆自己拎着输液架跨过了门槛。护士来换药时自语："这坡还挺好用的吧。"我连忙接话："并不啊！"

这天我的主治医生去出门诊，把我托付给了一位很年轻的住院医生。小姑娘看起来蠢萌蠢萌的（当然是非常负责可爱的那种），我特意瞅了瞅她的名牌，名字的最后一个字恰好是"萌"。

住院例行要做心电图，可仅有的一张诊断床上一直躺着一位胖大爷（他绝对是个狠人，在诊断床上躺了一整天，还跷着二郎腿，很是潇洒），因此直到晚上快7点，主要的液体已经输完，进入盐水冲管阶段，小医生才来阳光房给我做心电图。坐了快12个小时的我有些心烦气躁，请求她把输液速度调快些。

她认真严肃地思考了片刻，答道："不行呀，这个盐水是推着之前的药水在血管里走的。"

我："是啊是啊，但是你看已经输了20分钟盐水了，也冲得差不多了，咱们调快点儿，赶紧输完吧。"

她仍然摇头，一字一句温柔地说："你知道吗？人体内有五升血液，所以这个……"

后面我就听不懂了。不明觉厉啊，此刻我才理解了这个词，深深体会到学医的果然都是高智商学霸。输液速度虽不能调，但心电图还要做。我把豪华沙发放平，她帮我接上各种线路，接着打出一张单子。单子出来后，她皱着眉头看了很久，久到我心跳加快，头冒冷汗，以为自己必然出了什么大问题，不会是得了心脏病吧？

她慢慢吞吞地说："哦，这两个夹子夹反了。"随后把我左手和右手上的夹子调换了位置。

我低头一看，两个夹子上明明贴着标签，写着大大的"左手"和"右手"。原来哈利不是照着我刻画的，是照着她。我忍不住说了心里话，当然把后半句咽回去了："你们大夫都是学霸，学霸也有笨的哈。"

"不是的，我是研究生。"

"我以为你是童工哩。"她看起来简直像小学生。

"哈哈，差不多，天天加班。"她并没生气。

前几天因工作需要，我正好写了一篇为何选择成为医生的文章，认真查了半天资料。成为医生，尤其是一线城市三甲医院的医生，研究生是最低门槛，其后还有两年规培，学成出师就快而立了。漫长的学习生涯里，跟同龄人比起来，无论经济收入还是生活享受，他们都不占优势，可以说要钱没钱，要享乐没享乐。虽然医疗系统中也有少数以权谋私的败类，可我见过的大多数医生、护士都属于承担着巨大压力、损耗着个人健康却并未被好好理解和珍惜的群体。

老妈在医院工作，我见惯了她的夜班、夜班后的疲惫和多年夜班导致的持续性失眠，还有年三十的晚上，一家人看着春晚，她却猝然被电话唤走的焦急。在医院工作了一辈子，我妈对我娃唯一的要求是"不要学医"（对我倒没这么要求，反正以我的成绩也考不上医学院）。

忽然很想跟眼前的小姑娘聊聊她为什么想做医生，可眼看快8点了，算了，希望她能早点下班。"该下班了吧？"我问。"还得一会儿呢，又收了四个病人。"说完她倒推着心电图机器从那个小坡坡上出去了，动作像我一样笨拙。

希望未来医生和医学生们的境遇能不断改善，否则还会有足够多优秀的年轻人愿意成为医生吗？

除了山西大叔上午短暂待了一阵——还因语言不通聊不起来——这一天阳光房里竟然只有我一个病人。又因打了苯海拉明，整个下午我都处于灵魂游离的状态，昏昏欲睡又不能真的睡着。快输完盐水时，听到隔壁病房里传来一个清脆响亮的女子声音，应该是另一位值班医生，一听就是底气充足、经验丰富的老医生。她正在跟一位阿姨谈话。

"听说您今天做穿刺的时候哭得很厉害，为什么呀？"

对呀，为什么呀？我也好奇。

"咱们穿刺都是打麻药的，按说不会很疼呀，您是觉得很疼吗？"

阿姨"嗷——"的一声痛哭起来，不是啜泣，是撕心裂肺、全副武装的那种哭，仿佛用尽了力气要把心肝脾肺肾肚子肠子都吐出来。声音之大，隔着两面墙都让我非常震惊，毕竟上一回听到类似的哭声还是在产房生娃时。她一边哭一边吐出几个字："我委屈呀……"几个字道尽心酸。以前听一位男士讲起他患癌的母亲，老人想不通，自己一辈子没做过坏事，问心无愧，怎么轮到自己得这种病？

如果把自己放到哈利的位置上，也许会好过很多。无边无垠的宇宙中有一个渺小的银河系，里面有一颗尘埃一样微不足道的蓝色星球，其上住着比原子核还微小的一个你。生老病死，轮到谁不过是个概率，除了对自己和家人略有意义，对广袤宇宙而言，你的疾病和生死根本就是连沙子都吹不起的一缕微风而已。

不过医生显然不想这么劝，她很有耐心，语气像极了小学课堂上的语文老师："阿姨，我知道您是老师，那么您一定听过一个故事。"

我伸长了耳朵。

"盲人摸象。"医生一字一顿，"您在外院做过穿刺，我们医院还要让您做，您不想受这个疼，我理解。但是呢，您上次穿刺取的组织太少了，不能全面反映您身体里肿瘤的情况。您知道淋巴瘤的分型非常复杂，我们必须给您做基因检测，弄清楚您的问题，才能提供有针对性的治疗方案。为什么说是盲人摸象呢？您记得吧，故事里摸着耳朵的人认为大象是扇子，摸着尾巴的人认为大象是绳子。我们就是要避免这种错误，所以还需要再做一次穿刺，要了解您身体里肿瘤的全貌。这么说您能明白吗？"

阿姨哭泣的声音慢慢低下来，变成隐隐的啜泣。其实她不完全是由于疼痛吧，更多是对疾病骤然造访的恐惧。医生的解释她也许懂了，也许没懂，但这样如对孩子般温柔的安慰，的的确确抚慰了她的焦虑。

医生走出病房时，一个男声低低地道谢，声音低沉、略带疲惫，应该是阿姨的儿子。这个中年汉子面对生病后重新变成孩子的母亲，大约也充满了心疼和无奈吧。

这时候，我看见那个蠢萌小医生下班后出了病区。她脱了白大褂，穿着粉白相间的羽绒服，马尾辫垂在背后，一看就是倍受父母宠爱的乖孩子，只是穿上白大褂，就得学着做大人做战士了呢。

输完液已是晚上9点多了，夜班护士一个人巡回在走廊里，各病房的灯都关了，只有护士站还留着一盏灯，照着她孤零零的背影。不知道她会不会害怕呢？一个护士、一个医生（刚才劝慰阿姨那位），两个女人既柔软又无比坚强。

搬来娃爷爷奶奶家住的一大好处就是离我就诊的医院很近，步行十分钟就到家了。或许是疫情的缘故，9点半的北京居然人车稀少。我顶着苯海拉明药效未过晕沉沉的脑袋，想着假发套经历了一天的滑来滑去不知有没有穿帮之类莫名其妙的事情，溜达回了家。

在去了一天医院后感觉格外温暖的家里，躺在我可爱的小床上，想想真快啊，又一次维持治疗结束了。明天是新开始，但愿来的都是好消息。

14. 复发了吗？

上中学的时候，我偷偷读了妈妈从图书馆借的《复活》，至今仍记得开头有一段关于法官的描写，大意是这位老爷特别迷信于用身边的事物占卜吉凶，比如走路时步数若能被三整除，病就能治好，否则就治不好。读到此处忍不住感慨，古今中外人类的怪癖果然大同小异，我同样从小就有随手占卜的习惯。比如吃橘子时如果顺利剥出一条连绵不断的橘子皮，心里就默默视为吉兆，如果中间断了——糟糕，肯定有坏事要发生。凡此种种，随时随地给自己测算凶吉，可惜却没在患病这件大事上灵验。

确诊前些天，我与娃在床上玩"你追我藏"，欢闹之际突然摸到自己脖子左侧有几个小包块。我跟老魏说过完年得去医院看看，他如常地嗤之以鼻，揶揄我每天都把心思放在浑身"找病"之上。然而没几天，我就确诊了淋巴瘤，可见男人是多么靠不住啊，从嘴到心到大脑，没一个部件靠得住。

言归正传，确诊之后最让人烦恼的便是每月一次的化疗代替了月经，成为周期性好朋友。不过，化疗虽难受却不甚令人恐惧，最让我害怕的还是每次住院期间的例行检查以及每隔一段时间就要做一次的 PET-CT。

治疗之初，我曾把《淋巴瘤治疗指南》通读了几遍，又在病友群里和病友们交流取经，在颇多繁杂的知识点里提炼出了 POD24 这个缩写并将其烙印在心。它是指淋巴瘤患者从正式治疗开始计算，24 个月内如果病情出现复发或进展，那么据目前数据统计，大概只有五年生存期。对我这样的四期滤泡型淋巴瘤患者来说，复发是迟早的事，好在即便复发，可供选择的方案也有很多，兵来将挡水来土掩，总有办法应对。然而 POD24 就不同了，万一遇上它，则小命危矣。

因而每次检查都成了最令我惧怕的关卡，尤其是拿到结果准备看的那一刻，必须深深吸上一口气，拿出要把贴了几天的膏药一把撕下来的那种气势，一个猛子瞪大双眼，再把视线甩到报告单上，视死如归般看下去——啊，还好！还好！

截至 2022 年 9 月，距离开始治疗已经熬过了一年半，还有半年、六个月、一百八十天，我才能修完这艰难的两年，渡过九九八十一难，取到自己的那份真经。这么比喻似乎夸张了些，毕竟大部分时间里，我都想不起来复发这事。但每三个月一次的维持治疗以及治疗前必做的复查，总会把我拽回不得不面对的现实之中。

最惊险的一次是 2022 年 6 月的某晚，洗澡时我忽然摸到右颈有个很明显的凸起，霎时惊出一身冷汗——之前这里没查出肿瘤呀！左摸摸、右摸摸、仰头摸、低头摸……它都在。我赶忙结束淋浴，让老魏帮忙确认，期待他像之前那样对我的谨慎不屑一顾。他摸了半天，严肃地看着我，说："嗯，真有。"

连不靠谱的男人都摸出来了，还能错吗？心凉了半截。反应过来后，我迅速挂了 W 医生的号，在忐忑中等待了两天。终于见到了医生，我伸出脖子请她亲自鉴定。她摸了摸那个包块，随后问我："最近有没有牙疼？有没有嗓子疼？"

我一一否认，却又搜肠刮肚想要承认，毕竟发炎导致的淋巴结肿大，可比淋巴瘤复发强太多了。功夫不负有心人，翻遍全身总算被我找出一个可疑点："您看我这只眼睛，最近有点红……"

"这个应该没啥影响……"她面露难色。

保险起见，医生还是让我先做个 B 超看看。排队等着做 B 超的几天里，我陷入了叽叽歪歪模式，一遍遍跟老魏念叨 POD 24，又开始统筹安排家里的那点存款。刚确诊那会儿，我把手里的几张银行卡连同密码都交代给了老魏。等治疗进行了一段时间，W 医生表示"别怕，能治"之后，我又臊眉耷眼地把银行卡全部要了回来。卡肺期间高烧不退，呼吸艰难，我再度向老魏托付了我的存款和人寿保险金等一系列事宜，给我妈也安排了一笔遗产，当然后来卡肺也闯过来了。这是我第三次向老魏托付银行卡，估计连银行卡都烦了："你能有点骨气不？这次给出去就别往回要了！"

老魏倒没敢直说，而是以理工男的认真严谨一再帮我分析："你看啊，那个数据是佳罗华没有普遍应用之前的，现在佳罗华刚开始普遍使用，应该还没有准确的统计数据。还有啊，卡替也是新应用的技术，它的生存数据也没有准确的统计呢。你看的都是老数据了，瞎担心啥？"

我顿觉他说得很有道理，说不定在新药和新技术的加持下，POD24 这个概念本身也该与时俱进了呢。"哎！"我反应过来，"照你这么分析，你肯定也觉得我就是复发了呗？"心情再度跌入谷底。

一直默默装作没听见的娃开口了："妈妈，你是复发了吗？复发了就只能活五年吗？"

我和老魏顿时语塞。心里翻江倒海一样，各种应对的话在舌尖上滚了一遍，该怎么说呢？说"没有，你听错了"，可万一复发了呢？说"放心吧，妈妈没事"，可要真的有事呢？我想来想去，看着她的眼睛说："我还不知道是不是真复发了，需要过几天请医生确认。就算我复发了，也和你没有关系，那是我的事情。你只管过好你的人生。我是我，你是你呀。"

小朋友觉得甚有道理，点头称是，接着又想起什么似的补充："那你还能陪到我 18 岁吗？"

"为啥只能陪到你 18 岁？陪到 28 岁、38 岁不行啊？"

她严肃地点点头："行，不过我 18 岁就成年了，后面不用你陪，你自己过吧。"

那些天，我不由自主搬出了童年那套"随手占卜法"，在心里暗暗下注：走到阳台东头时步数为单就代表复发，步数为双就代表没复发。于是每次在阳台上溜达都分外小心，力图把步数凑成双数。或者随手拿起一把筷子，是单数就代表复发，是双数就代表没有……

在这般折腾中，总算挨到了 B 超检查。我躺在检查床上，感觉四肢僵硬，心底发凉。当天帮我检查的是位女医生，她拿着探头在我脖子上左划划右划划，半天不说话。

"在右边这里。"我忍不住开腔，给她指了一下。

她仔细探查半晌，在我紧张得快要喘不过来气时，她说话了："这是块骨头啊。"

我心里登时炸开一朵烟花，快乐的泡泡纷纷往上涌。

万万不能大意，我继续道："但是左边就没有。"

"人也不是长得完全对称的。"

"嗓子这里也有点鼓。"

"那是甲状腺结节。"

什么叫"天下太平"，什么叫"岁月静好"，此刻我才对这两个词有了深刻的理解。我几乎是欢呼雀跃着回了家，老魏一改前几天满脸严肃分析新药对复发益处的态度，轻松地表示："我就说你肯定没事儿。"我懒得与男人之嘴计较，只是觍着脸再次要回了银行卡。

正好那段时间有个工作项目要投标，我们介入的时间有些晚，导致响应文件必须在一天内完成。当天我去办公地点，和同事们一起从早上 10 点忙到晚上 9 点，晚饭都没顾上吃。等完成了上百页文件，可以起身回家时，身体虽然疲惫，却也找回了久违的投入工作才能带来的压力与快乐。曾几何时，我是那么喜欢忙碌的工作状态，喜欢压力以及压力释放后仰望星空的轻松。当然我也享受松弛的日子，但是人哪，某种程度上不正像弹簧一样，没有压迫到极致，怎么体验得到彻底反弹后的兴奋与满足呢？

晚上和朋友兼同事魔菇一同步行去地铁站的路上，她特意带我摸黑绕了两步路，献宝似的指给我隐在绿化带里的两朵小小蘑菇："藏在这里好几天了，马上就要开了呢。"胖胖的白色小蘑菇躲在繁华城市的缝隙里，像两个小精灵，鼓着脸，等着盛开的刹那。那个时刻，我将所有的疲惫都抛诸脑后，哪里还有工夫去想复发或不复发？

最后想分享一个化疗期间听来的故事。一位病友阿姨与我同为滤泡型淋巴瘤患者，每到春暖花开的时节，她的瘤子都会复发，年年如此。她曾为此烦恼忧愁痛不欲生，后来渐渐想开了，就把它当成大号月经吧——别人那是"月经"，自己这是"年经"。既来之则安之，复发了就好好治疗几个月，不复发的日子，该唱歌该跳舞该带孙子就一切如常，去旅游去逛街也要打扮得漂漂亮亮。

人生嘛，本来就有一部分是我们无论如何也无法掌控的，就算随手占卜也难以窥见端倪。但仍有一部分是我们能真真切切把握的——今天微笑了吗？有没有找一找身边可爱漂亮的人或事物？有没有为了一件喜欢的事情全力以赴？有没有好好体会努力之后的成就感？或许人这一生，能获得的自由本就只有小小一部分，这部分肆意去活，其余不必多想，交给命运就好。

15. 快跑！副作用来啦

2022 年中秋节的前两天，我住院接受了第四次维持治疗。本次治疗期间偶遇了一位小伙子，倘若不是他，我都快要忘记自己经历过的那些化疗副作用了。

小伙子是在读研究生，长得白白胖胖，很爱跟护士和病友聊天。他只做检查，不输液，看起来是阳光房里最轻松的一位。待我输上佳罗华，他一脸口罩都挡不住的难受表情，跟我搭话："你恶心吗？"

"不恶心啊，佳罗华没啥感觉。"我摇头。

"我不行。"他郑重地摇头叹息，"我一化疗就恶心，尤其住院那会儿，吃了医院食堂的饭就更恶心，后来发展到只要看见医院的送餐车，哪怕不吃都恶心。"

"那你太不容易了。"我深表同情。

"不知怎么，我现在看见别人输液也觉得特别恶心。"他盯着我的输液架，好似下一秒就要吐出来。

我想了想，还是把脸转了个方向，免得其他病友和护士以为他是看见我才吐的。

话说回来，对我们这样的重症患者（透着一股自豪感是怎么回事？）而言，化疗导致的副作用简直数不胜数，堪称百花齐放、百家争鸣。

所有人都体验过的应该就是脱发了。目前为止我见过坚持最久的是一位河南来的阿姨，第四次化疗时，她的头发已稀疏到屈指可数，却还挺着没有剃光。在众病友的反复劝说和现身说法之下，她终于在五疗前剃成了光头，果然精神了很多呢。其实脱发有一个隐藏好处，头皮剃光后重新长出来的头发往往非常浓密。我就从稀疏发质变成了发量富人，巨大的发缝从此消失不见啦。

恶心，也是大家常有的共同经历，只是每个人程度不同。我在第一次和第八次化疗后有过恶心呕吐的症状，中间的几次都没有明显感觉。我也遇见过每次化疗完都恶心得吃不下饭的病友，以及从不犯恶心、完全不影响食欲的病友。对付恶心没有特别好的办法，只能积极调节心态，少食多餐，尽量补充营养。

心跳加快也是我印象比较深的副作用之一。化疗后的一两周之内，每逢早饭后，我的心跳都会飙升至110次／分。我平时心跳偏慢，安静时一般为60—70次／分（护士说我是运动员心率呢），所以一旦加速到80—90次／分，人就开始难受、喘息，等到了110次／分就只有坐着不动张嘴倒气的份儿了。好在过上一阵，心跳会慢慢回落。这大概是红药水的副作用，住院时，我见过两位病友大姐也有类似情况。如果情况严重，就要跟主治医生及时沟通，医生会给出具体的建议。

化疗的副作用当然不仅限于这么几个共同项，每个人都会有自己的个性化体验。记忆犹新的当数那种浑身无力又疲乏的状态。怎么描述呢？仿佛我的身体是一袋大米，组成我的每一粒米都在颤抖，那种颤抖完全是它们凭借各自的意志单独完成的——想以什么频率、什么方向、什么力度抖动，与我的主观意志毫无干系，彼此也不互通消息。

我的每一个动作都像是在与全身的细胞角力，舒服是绝无可能的，却也说不清为什么难受。此刻光是想想，竟又开始难受……看看，心态真的很重要啊，请多给自己一些良好的暗示，哪怕在最不舒服时也别轻易被打倒。

第八次化疗结束时，护士帮我取出了贴身陪伴大半年的 PICC，当时我天真地以为这就是所有副作用的终点。没想到哇，后面还有更多考验等着我一一经历。

结疗时，我体内还有一个残余包块，除了用佳罗华维持治疗，医生还要我口服来那度胺。吃药前我异常纠结，因为一些研究报告认为来那度胺有引发第二肿瘤的风险，总不能前门打狗后门放虎吧？纠结之下，我反复查阅各类资料，挂了几个不同的专家号咨询了解，最终还是没法下定决心。一锤定音的是 W 医生，她被我叽歪急了，撂了狠话："你想想，就算真的发展成第二癌症也需要至少五年呢，你总得先有五年让它发展吧？"犹如一记重锤，倒让我醍醐灌顶了。担心五年十年以后的事，首先得活到五年十年以后吧？那就吃吧。

为了配合来那度胺，还得口服阿司匹林以预防血栓。

来那最明显的副作用就是导致白细胞迅速下降，从起初的3000多勉强及格，到2000多晚节不保，再到1000多濒临绝境。医生开出升白药，从此我的药单上又多了一种。只是这药每天早中晚各吃三次，我时常搞不清自己到底吃了几次药。多亏我妈想了个好办法，找一只干净小碟子，一早就把三顿药都放进去，这样到晚上睡前，碟子里空空如也就对了。

白细胞勉强保住，血小板又开始下跌，于是我身上常常出现莫名青紫，大腿、手臂无一幸免，活像被人狠狠揍过。有一次，老魏看见我左手虎口处的整片青紫，吓得连连叫唤："阿司匹林你别吃了吧？可别吃了！"真是容易大惊小怪的动物啊，我摇摇头，丢给他一个潇洒的背影。

服用来那度胺近九个月后，我做了一次PET-CT，结果显示肿瘤的尺寸没多大变化，只是活性降低了。W医生和J主任商量过后，决定让我停掉来那，换成西达本胺。

我原本已为能停掉来那而欢欣鼓舞了，却没想到又换了一种药，还得继续吃。或许是看出我的满脸兴奋瞬间变成巨大失望，W医生努力列举种种服用西达本胺的好处：

"你看，这个药不用每天吃，一周只吃两天。"

我想了想，觉得也没好多少。

她继续哄孩子般说："而且呀，你吃这个药就不用再吃阿司匹林了，你看好不好啊？"

这倒是个好消息。不吃阿司匹林，是不是就不用每天看着身上的青斑触目惊心了？我点点头："行，那就吃。但是要吃多久呢？"

"先吃吃看吧，要是效果好，吃上一年左右。"

"又是一年……"

之所以选择西达本胺，是因为我的基因检测结果显示它可能对我有效。我只能说自己这基因真是会长啊。第一，西达本胺比国产的来那度胺贵；第二，它的副作用可比来那明显得多。

哪怕是化疗期间，我也很少犯恶心，但西达本胺带来的恶心症状却非常频繁。我留心观察，想找出吃药与恶心之间的规律，结果发现根本没啥规律！这种恶心是随时随地想来就来，不一定在吃药当日发生，也不一定是次日，它就像我家那个爱搞恶作剧的小坏丫头，喜欢躲在角落里，趁你不备猛一下冒个头，恶心你一大跳。与化疗不同，这种恶心不会让你真的呕吐，就是一种单纯却又挥之不去的反胃之感。

这么折腾了一段时间，朋友见到我都问："你最近减肥呢？"

我苦笑："并没有啊，就是胃口不好。"

如果只是恶心，还算容易应对，可西达本胺还有一个杀手锏，那就是腹泻。它说重不重，不至于要吃止泻药，说轻却又不轻，平均每天两三次，稀里哗啦一泻千里。

最麻烦的是有事外出时，但凡吃点东西下肚，哪怕多喝几口水，肠子里立刻一阵叽里咕噜。如果必须出门，我得提前看好厕所位置，必要时可以直接冲进去。更尴尬的是，由于肚中时常充斥着大量气体，实在控制不住就会变成一连串的屁翻滚而出。如果在地铁或大街上，人多声杂，只要不动声色，一般不会被人发现。但在办公室这种相对封闭的空间里就不同了。某日我去办公室开会，午饭后大家都陷入了困倦安静的状态。格外寂静之时，我明显感到腹中胀气，已到了不排不行的程度。我微微绷住腹肌，想要将其紧紧关好，同时轻轻挪动双腿，打算载着这团危险气体去厕所里充分释放，结果刚站起身就噼里啪啦一串连珠炮，声震寰宇……同事们假装完全无感的表演，简直可以拿下奥斯卡小金人了。

值得庆幸的是，除了恶心的那段时间，我的好胃口一直都在——该吃吃，该喝喝，该泻泻，该恶心就恶心，什么也不能阻挡我继续热爱美味的食物和美好的生活。

西达本胺带来的最后一个难题是疲惫，一种肥宅们都能体会的倦怠。这药吃久了，我发现出门跑步变得越来越费劲。向来不跑痛快就难受的我，慢慢从五公里减少到三公里，甚至连站起来穿鞋出门这事都越来越艰难。一位病友阿姨化疗后做了自体移植，她说在那20多天的舱内生活里，发烧、疲倦是常态，难受时连跟孙女讲电话的力气都没有，说着说着便掉了眼泪。西达本胺带来的疲倦达到顶点时，我常常想起她的话，然后安慰自己：这点副作用算不了什么，阿姨都能坚持下来，我肯定也没问题。

后来由于白细胞实在太低，升白药也不能将它们拽回正常，W医生允许我停用两周西达本胺。这段时间，跑步和跳操的激情顺利回归，趁着身体允许，我每天都开开心心把自己折腾到大汗淋漓。

中秋前这次住院复查，B超结果显示那个六厘米的残余包块缩小到了一点五厘米。做B超的医生说："这么小，结构也清晰，我看没啥事。"

我捧着报告单冲回病房，抓住离我最近的一个医生举给他看："您看，我是不是不用再吃西达本胺了？"

"还是再吃一段时间维持一下。"医生无情地拒绝了我。

好吧，希望停药的那一天能早点到来，我就不必继续面对那些令人疲惫又尴尬的副作用啦。

16. 女病人最好的朋友回来了吗？

化疗结束后我去看中医，想调理调理身体。医生是位年逾花甲的老太太，精神矍铄，词锋犀利，骂起学生来底气十足、毫不留情。对病人她当然客气许多，但仍然霸气侧漏、直截了当。

第一回看病时，老太太把了把我的脉，例行问了几个问题，其中就有"月经如何"。

我摇摇头，表示没来。

老太太道："我给你加几味药调理一下，争取让它再来。"

我正为肿瘤消灭得不够彻底而满心惆怅，继续摇头："不用，来不来无所谓，能把肿块消了就行。"

老太太用那种"年轻人果然还是太幼稚"的眼神深深看了我一眼，道："那你会很难受的。"

我暗自思忖：看的是血液科，干吗管月经的事？再说月经不来有什么难受的，还省了好多事呢。

我初次知道月经这回事，是小学四年级上厕所时窥破了同班女生的秘密。原本她矢口否认，见我死缠烂打问个不休，就牢牢握住我的双手，以课本插图上红军会师时的姿态贴近我的身体，语重心长道："女孩子都要过这一关，我比较早，怕人家笑话，你千万不要说出去。"

这位女同学从小就有做思想工作的天赋，大学进了政治系。经她郑重嘱托，我果然对谁也没提过她的秘密，除了我妈。告诉我妈完全是出于好奇，到底"女孩子都要过这一关"是不是真的？多说一句，多年后我尝试加了这位女生的微信，她虽然通过了，但朋友圈一直屏蔽我，也从不跟我说话。不知是不是我当年的孟浪给她留下了巨大的心理阴影。

回到当年，我尚百思不得其解：假如女孩子都要过这一关，那女同学又在羞愧什么呢？一年后的某一天，我发现自己也来月经了。恰好第二天就是春游日，我妈拿出一条彼时挺稀罕的卫生巾（那个年代还有很多人用卫生带，一条布袋子用绳子系在腰间，上面夹着叠成长条形的卫生纸）塞进我的书包，千叮咛万嘱咐："你要记得换啊，多了就要换。"

我皱着眉头思索良久，问："到底怎么算多呢？是称一称还是量一量？"

我妈张张嘴，欲言又止："总之你看差不多就换。"

虽然这个问题没搞明白，但我却理解了那个女同学究竟在羞愧什么——害怕被人发现自己的与众不同。当周围大多数女生还没来月经，少数已经来了的就生怕自己成熟太早的秘密会遭人嘲笑。

春游一整天，我屡次想借上厕所之机换卫生巾，却因顾忌老师和同学的目光，默默忍了下来。所以"身受"才能"感同"啊，倘若这时有人惊叫着问我："你怎么流血了？"或许我连握住她的双手语重心长都很难做到吧。好在那天我没被任何人发现。

晚上回到家，状况自然惨不忍睹。我妈不停数落我：

"让你换嘛，你怎么不知道换呢？"从来有任何废话都得及时向老妈倾诉的我，头一回有了无法言说的心事。之后很长时间我都不愿触及任何与月经有关的话题，好像那是一个卑微而令人羞惭的秘密，唯有深埋心底。

又过了一年，大部分女同学都来了月经。女生之间开始传播"经期谁要是摸一下你的手，你就会怀孕"之类莫名其妙的小道消息。我也才慢慢把月经当成一件可以说出来的正常事。

初中时，严重的痛经找上了我。某天中午放学，本该回家吃午饭，我却痛得浑身发抖、冷汗直冒、恶心呕吐，只能躺在学校的长椅上，任由几个要好的女生把外套盖在我身上，帮我擦冷汗。外公久久不见我回家，蹬着自行车来学校寻找，这才把瑟瑟发抖的我驮在后座上带回了家。外婆给我请了半天假，我窝在温暖的被窝里晒太阳、喝红糖水，一边看着电视里播放的《武则天》。

最厉害的一次，我痛到没法在马桶上坐稳，只能在我妈的搀扶下摇摇晃晃把自己拖回床上。小腹的疼痛拧着我的身体，我一边掉眼泪一边哽咽道："妈，我会不会死啊？"我妈憋笑憋得很辛苦："不会的，你放心吧。"

那时要是有人告诉我可以把月经从我的生命里剥离，我大约会感激涕零吧。可真到了这么一天，这位老朋友断然转身离去，我心里的伤感却比当初迎接它时的惶恐更甚。

头两次化疗，月经都正常到来。第二次化疗正好赶上老朋友造访，不小心把医院的床单弄脏了一块，我还惶惶了好几日。从第三次化疗开始，月经便消失了。治疗期间要担心的事情太多，老朋友出走是个普遍现象，我基本没为它操过心。

待化疗结束，维持治疗的日子渐渐趋于平稳，加之身边的病友纷纷迎来老朋友回归，我又像儿时那样因为与别人不同而陷入焦虑。病友们有化疗期间月经一直正常的，有结疗四个月就恢复的，还有结疗九个月才等到月经姗姗而来的。我属于比较悲惨的，结疗一年了，月经还迟迟未归。想去查个激素，又莫名抗拒，总觉不查还有些希望，查了似乎就盖棺定论再无可能。

然而随着时间一点点推移，我内心的焦灼也与日俱增。没事时会默默盘算，距离结疗的日子又远了几天。也曾梦到好朋友重新降临，惊喜之余速速换裤子找卫生巾，醒来后发现只是一场空欢喜，难免惆怅半天。偶发一阵燥热，冒出一身白毛汗，想着没准是更年期症状，更添几分烦躁。上网查阅更年期相关内容，得知我这个年纪假如绝经应算是早更，各路神医都说早更会导致衰老、疾病以及生理和心理的种种不适。老中医那句"你会很难受的"，被我从记忆深处捡回来反复咂摸。虽然身体尚未出现明显不适，但心里的难受已渐渐堆积，变得愈来愈沉重。

国庆节前去看中医，我扭捏半晌，终于向老太太提出了调理月经的请求。她哈哈一笑，大有"怎么样？我说吧，你迟早会后悔"的意味，随即给我加了几味中药，却也不知作用如何。

终究经历过几十年的人生磨砺，如今我勇敢得多，脸皮也厚得多，不再像青春期时只敢默默纠结，而是主动在电话里跟我妈讨论起来。

"我月经还没来。"

"你想这个干吗？你还要生二胎吗？"我妈万分惊讶。

"当然不。"我立刻否认。

我妈确定我并不想生二胎后镇定下来，开始列举身边那些早早绝经但也过得很好的人来安慰我。

"×奶奶不到40岁就因为生病把卵巢子宫都拿掉了，后来身体也很棒啊，皮肤还很好。"

"她好像老年痴呆了？"

"这两件事又没什么联系。"我妈斩钉截铁地说，"你不要怕，没了月经就是不能生育而已，别的都没影响，你可能更轻松更舒服啊。"

我妈就是有这种本事，她说出的每句话好似都打上了某种烙印，有巨大的精神力量加持，我总是很容易相信。是嘛，至少不会再痛经，也不会再经历海边度假时偏巧来月经的烦恼——我曾在沙巴的海边穿着长裙眼睁睁看人家痛快游泳，也曾在普吉岛的泳池边只敢把脚泡进水里望着别人畅游羡慕不已。

更何况，衰老本就是每个人必经的过程。如同小孩子要进入青春，中年人要迈向暮年，快一步慢一步，真的有那么大差别吗？值得女性为之羞愧或沮丧吗？社会的主流价值观依旧期待女人永葆青春，维持少女感，若非如此就不值得被欣赏。所谓时间和经历赋予的智慧，似乎只对男性才有意义，他们可以放任自己的肚腩日益凸起，发际线逐渐后移，甚至整个人愈发油腻，却仍会被肯定被赞美。而女性的衰老，就如当初的成熟一样，是一个应该被隐藏被遮蔽的秘密。无论别人作何想法，至少我们自己不必再囿于成见。坦然接受一切都是最好的安排，才是帮助自己更从容快乐的良方。

换个角度想想，月经也不是决定女性衰老的全部因素。持续的锻炼、规律的作息、节制的饮食，都是抵御时间侵袭的良方。我们还可以坚持去做任何喜欢的事、对自己和他人有益的事，做一个渐渐老去的愉快而自由的女人。像我亲爱的老妈，退休后背起相机走世界，去圆年轻时的摄影家之梦。像我亲爱的姨妈，重拾当年的歌唱爱好，唱出专业水准，成了小有名气的资深网络歌手。

最坏的结果无非是不能生二胎，这一点我妈说得真没错。

17. 实现住院自由

自由这个事，我经常把它和孤独搞混，也许因为我们家是个不怎么自由的家庭。我妈是家里老幺，常年跟在父母身边，约等于和父母生活了一辈子。用现在的话来说就是缺乏边界感，这也使得我妈年届花甲仍然长着一张天真无邪的脸。我俩通电话的内容，有一大半都是在帮她分析谁谁谁不回她信息是出于怎样的心理，以及某次吃饭时外婆把最好吃的那道菜放得离她太远到底是为什么……所有生活里的琐碎，她都要与我分享；我生活里的每一个细节，她也需全盘掌控。

我在我妈无微不至的关爱中长大，自由对我而言，曾经就等同于孤独带来的惊喜。比如大人们都不在家，我独自留守，一个人窝在大床上看小说，同时警惕着房间里有没有异乎寻常的动静。那种自在又孤单，还有些微微恐惧的心情，就是我对自由初始的定义。

生病之后，我对自由有了更深的理解，这得从住院说起。

大部分病友第一次住院，都特别需要家人陪伴。我们这种病大多数情况下不影响正常行动，可乍然得知自己患上了癌症，对人的精神绝对是重大打击。我曾遇见两位初入病房的病友姐姐。一位是天津人，在老公的陪伴下入院，夫妻两人除了各自玩手机，其余时间都头碰着头窸窸窣窣地聊天。大姐不断对人生和老天爷发出质疑，想弄明白自己没做过坏事为何却得了这种病。大哥则一遍又一遍地开解她："医生不是说了嘛，有得治。多少钱都治，你怕吗呢？"有亲人在身边加持，这位姐姐硬是一滴眼泪也没掉。

另一位姐姐就没这么幸运。她独自入院，从进病房那刻起便有气无力地倒在床上，除了上厕所根本不离开病床。其间她不停给各路亲友打电话，对每个人诉说病情，说一次就掉一回眼泪。第二天早上医生查房时，她已经双眼红肿，泣不成声。

我生孩子太晚，生病却太早，化疗期间，老魏被尚且年幼的孩子牵绊住手脚，我妈便当仁不让地跋山涉水，毅然决然陪着我一路斩妖除魔。头一次住院前，我对化疗一无所知，不知那会是怎样痛苦的考验，所以无论如何都不敢一个人住进病房。挂着一床仪器要怎么吃饭和上厕所？冷了怎么盖被，热了怎么脱衣服？想说话了怎么办？过敏了谁去叫医生？输着液怎么把暖瓶里的开水倒进水杯？……一桩桩一件件，每个具体琐碎的问题都变成了治疗之路上岿然不动的大山，压在我病恹恹的小身板上。幸亏有我妈陪着，她就像会七十二变的孙猴子，帮我扫除了各路妖邪。

不过时间久了，自由的小火苗在我妈心里升腾起来，她开始闹脾气——也不意外，唐三藏和孙悟空还闹过好几次分手呢。我妈最初表达不满是在我第二次化疗期间。病人至少有张床可以躺，家属却只能在床边一张不怎么舒服的塑料椅子上枯坐整个白天，直到晚上 8 点左右陪护床送来，才能在那张连翻身都困难的小床上躺一会儿。在经历了两个白天漫长无比的陪坐之后，我妈开始抱怨腰疼脖子疼，看手机太久眼睛也疼。各种疼痛滋长了她的怒气，长久困于室内的无奈点燃了她的暴躁，她终于按捺不住，冲我发了一通脾气。我自然无比委屈，听闻自己患癌时都没掉的眼泪，这会儿不争气地流了个痛快。事后回想，我能理解老妈的不易，都说"久病床前无孝子"，反过来又何尝不是？

第六次化疗前，我隐隐生出一个念头：或许……其实……我可以自己住院？最初把这想法告诉老妈时，她眼里闪着自由的小星星，却矜持着没有立即表态。她有些担心靶向药和红药水，前者需要配合心电监护，我身上挂满电线和仪器，别说上厕所了，拿杯水都费劲；后者则明确对心肌有损伤。我们俩商量了半天，决定她只在病房住一晚，陪我输完靶向药和红药水便撤退，后面两天的化疗药和保护药由我自己应付。如此一来，她只需在医院熬上一夜便能回家享受舒服的大床、自在的睡眠。

到了约定好的日子，我妈一边收拾东西一边絮絮嘱咐，满脸不舍地问我："你一个人能行吗？"

我也担心自己应付不来，试探地问："要不你别走了，再陪我两天。"

我妈以迅雷不及掩耳的速度抓起背包，干脆地说了声："拜拜。"

骤然剩下我一人，还真有点不适应，每件小事都变成需要仔细筹谋的战略要事。比如喝水吧，医院提供一个暖壶，每天护工会帮忙打两次水，但暖壶的保温效果太好，水放上一整天都是烫的。我得趁输液开始前，把暖壶里的水倒进一个大大的敞口杯，再在保温杯里倒上一半热水，等敞口杯里的水凉了，再将保温杯里的热水兑成温水，放在床头随时取用。

还有吃饭。每次配餐送到病房门口，护工大姐或同屋病友的陪护见我一个人输液，都会主动帮忙把饭送到面前，我只需提前把餐具烫好，把酒精湿巾备好。可吃完饭后没法立即收拾，也不好意思再麻烦别人，只能躺在床上看着肚皮处拱起的小桌板上那堆油乎乎的残羹冷炙干瞪眼。一直要等到药物输完，能够自如活动了，我才有机会把它们收拾干净。

最难的要算上厕所。普通液体还好办，推着输液泵一块儿进厕所就行。麻烦的是身上挂着心电监护、臂上绑着血压带的时候，除了叫护士没有更好的办法。但护士们很忙，不见得总能及时赶到救我于洪水泛滥中，在忍无可忍之际继续忍耐是种难以言传的体验。最好还是在输液前尽量把自己的膀胱清空。

经过几次尝试，我慢慢有了心得。化疗确实痛苦，却还算不上切肤之痛。如今化疗方案日益成熟，治疗前医生会把止吐药、保胃药、保肝药都用上，大大减轻病人的痛苦。身体会难受，行动会受阻，但那就像不太好笑的脱口秀，虽说不够过瘾，也能凑合看下去。

长时间的输液降低了我体验自由的阈值，只要那些瓶罐管线离开身体，哪怕身处小小一间病房内，我也觉得很自由呢！妈妈离开病房的那一刻当真有些紧张，可逐渐适应了自己打理琐事后，一切就变得舒适起来。

我可以选择和病友聊天，也可以随时切断彼此的连接，戴上耳机缩进一个小小的孤独的世界，在里面做梦、发疯、为所欲为。

我可以随意选择每顿饭的食谱，可以尽情欣赏我妈一向敬而远之的悬疑恐怖电影，不用陪她看昏昏欲睡的爱情剧，也不用听她在耳边念叨我没有好好洗手，没有把马桶垫套整齐，没有给餐具及时消毒，没有在每一件行李下面放上报纸……

待夕阳西下，独自一人站在病房的阳台上眺望夕阳，想站多久就站多久。身体尚且受困于狭小的空间，灵魂却轻盈了许多。

久违了，亲爱的自由。

对老妈而言，提前出院的几天是真正的减负，她获得了短暂的休闲时光，可以趁我在医院里有人照管，自己扛着相机去故宫、颐和园，或者只是在楼下的小公园里拍日出，拍荷花，拍满树金灿灿的银杏。

第八次也即最后一次化疗时，我对自己颇具信心，强硬地（或许也没太强硬，是我妈的反对很虚弱）阻止老妈陪我入院。是的，我要自己从头到尾地住一回院，为我的八次化疗画上一个漂亮的句点。

巧合的是，首次治疗我被分进了血液科唯一的单人病房，末次治疗又被分进了这间病房。犹如某种轮回，冥冥中要完成一个命运的闭环。可惜我背着行李独自入住才一天，就体会到了寂寞无聊和淡淡惶恐。上一回住单间有老妈陪在身边，其后每次治疗都在双人间，有病友可以聊天。这一回既无老妈，也无病友，除了偶尔来做治疗的护士，就只剩我一人。从早到晚，我就在这间步子迈大了脚能踢到墙的小屋子里来回转悠，床上坐累了坐椅子，椅子坐累了坐床上，吃累了睡，睡累了吃。

不知是零食吃得太多，还是八次化疗的毒素累积到了身体能承受的极限，最后一天清晨，我突觉头晕目眩，恶心难忍，趴在马桶上吐了几次，接着又腹痛腹泻。反复折腾几回，人已瘫倒在床，连端起水杯的力气都没有了。打铃叫来护士，她见我埋在被子里气息奄奄、脸白如纸，吓了一跳，埋怨我："你难受怎么不马上叫人？"是啊，为什么不叫人呢？潜意识里我在学着努力控制自己，不要轻易求助，因为所有的善意和关爱都会被消耗，还是留在最需要的时候吧。

W医生给我开了药，护士们纷纷前来，像大观园里的姐妹们一个个走马灯似的露脸,一边议论纷纷:"你妈在的时候一直挺好,她一走你就倒下了。"

印象最深的是那天帮我输液的护士小雨,她人胖胖的,扎针技术一般,但是嗓门大,心肠热,酷爱聊天,还有些可爱的小心眼子。她说护士的工作不仅是帮助病人"化疗",更是"话疗"。或许是看我气色不好,当天她的"话疗"开展得比往常更热闹,从病房趣事聊到病友故事,最后回到自己身上:"我出生前,我爸本来准备了一个名字,叫小鸽。结果我出生那天正好下雨,我爸说,'那就叫小雨吧,下雨天鸽子也飞不起来啊。'"她两手一摊,满意地看着我露出笑脸。

在那个脆弱的早上,我很希望有人陪在身边跟我说说话,帮我倒杯水。自由当然是好东西,但被禁锢的孤独,它不是自由呀。好在后来疫情管控解除,住院规定不再那么严苛,比如日间病房的患者晚上可以回家睡觉,次日再返回医院继续输液。

化疗结束后,每隔两三个月我需要去医院做一次维持治疗。那个阶段,我真切享受到了独自住院的潇洒与快乐。

尤其逢到孩子寒暑假，我不得不日日夜夜与之相对，突然就理解了嫦娥为何非得偷吃灵药飞升上天，只因白天黑夜都有人不停在耳边念叨："妈妈！妈妈！妈妈！"可不是"碧海青天夜夜心"嘛！

还是住院好，可以带上笔记本电脑下载一部电影慢慢看，也可以带本书堵上耳塞慢慢读。如果遇见有趣的病友，就把手里的东西放下，度过八卦而快乐的一天。这一天还是"垃圾食品日"，平时不能吃的泡面火腿肉脯腌渍食品之类，在这一天通通拥有特赦待遇。统一酸酸辣辣豚骨面或今麦郎香锅地道辣面，热水浇进去立刻腾起一片香喷喷的薄雾，弥漫在日间病房小小的四张沙发之间。饭后再来点原味瓜子，边聊边嗑……啊，天上人间！

写到这里，不禁想起儿时与孤独和自由有关的一次冒险。

四五岁的我傻而胆小。碰巧那天一大早只有我和我妈两个人在家，我妈有洁癖，怕头发掉在家里，天天站在大门外的楼道里梳头发。谁知一阵风吹来，把门撞上了。没拿钥匙的我妈隔着一道门听见我爆发出一阵撕心裂肺的哭声，急得没着没落。当时我只知道家里忽地剩下自己一个人，吓破了胆，只会扯着嗓子哭，任我妈怎么引导都不会打开门。

我妈没犹豫多久，她冲上隔壁那栋楼的五层，敲开人家家门，从那户的阳台爬进我家同样位于五层的阳台。我至今记得她像超人似的从天而降，一把将我搂进怀里。十几岁时看见电视里播放的美国纪录片，举着火炬的自由女神像一闪而过，我猛然想起妈妈披挂着睡衣、散着乱发逆光而来，将我从恐惧中解救出来的情景。哦，那会儿我天真地以为，原来自由女神是妈妈的样子啊。

18. "你都这样了，还怕人看吗？"

　　不知你是否有这样的经历，与人发生冲突，被人一顿欺负，自己一张脸涨成猪肝色，却一句有力的反击也想不出来。等夜深人静，一个人躺在床上，灵感倒如滔滔江水绵绵不绝，心底只剩一个念头：如果重来一次该多好哇！我一定要这么说，再那么说，最后这样说，多么简短有力、掷地有声、振聋发聩啊！

　　治疗期间，我遇见了很多善良的人、温暖的事。这些人和事宛如黑夜里闪烁的星星，在最艰难的时刻带给我星星点点的光明。但也有一些人一些事，无论何时想起都像童年走路不慎踩到狗屎，硬是要让高高兴兴的上学之路平添几分恶心；也让我哪怕过了好久还会时不时在心里悄悄演练，盼着自己下一回能大胆反击。

这要从做 B 超说起。住院期间，B 超是例行检查中的一项。由于确诊时发现肿瘤的部位比较多，我每次都能收获一大堆 B 超检查单，查脖子的、查腋下的、查脾肝肾的、查腹股沟的，攥在手里厚厚一摞。

B 超室不大，推开门便是一幅浅绿色的布帘子，医生、电脑、仪器、检查床都躲在帘子后面。病人检查时需要褪去衣裤，尤其是像我这样的，检查腋下——上衣得脱干净，检查腹股沟——裤子得脱干净。虽然不再是青春美少女，但人类共有的羞耻心和隐私保护欲，使我每次检查前都得仔仔细细拉紧帘子。女医生往往会多嘱咐一句："帘子拉好啊。"听后我更觉心安，帘子也拉得严实一些。

布帘子外面贴着一张纸，白纸红字写得分明：有事请隔着帘子咨询，请勿随意掀起帘子。坦白说，这么简陋的隔离装置并不能给人足够的安全感，但就像血液科的小护士们聊天时说的，"来医院又不是度假，总不是冲着豪华硬件来的吧。"况且，只要人人都能约束好自己，自觉遵守规则，似乎一切也能有条不紊地顺利进行。奈何有人无法正确理解语言文字所表达的含义，或者故意视而不见。

第五次化疗期间，我照例拿着一大摞检查单，老老实实在 B 超室门口排队候诊。等叫名字，再进入小隔间，脱好衣裤躺定在检查床上。此时突然有男人扬着嗓门喊："大夫，我问个事儿啊。"说着便破门而入，唰一下掀起帘子，露出半截壮硕的身子和一个圆溜溜的大脑袋。这圆脸大汉身上没有病号服，想必是陪护家属，他一边举着单子冲医生挥舞，一边很随意地把眼神放在我身上，看西洋镜般转了一转。我在慌乱中上上下下地拉扯衣裤，试图多遮挡一点自己的身体。

为我检查的是位年轻的女医生，同为女性也许更能感同身受，她第一时间冲大汉摆手："放下帘子！赶紧放下！你有事就隔着帘子问！"圆脸大汉愣了，挣扎几秒才不情不愿地松开了手中的帘子，好像医生提了一个欺负他的要求。我吐出一口气，松开了攥着衣襟的手。他说了个事由，医生给予回复。

就在我以为可以开始检查，自觉把衣裤再次褪开的时候，圆脸大汉唰地又把帘子拉开了。这次我和医生都毫无防备。晾着白花花肚皮的我瞬间气血上涌，一边拼命拉扯衣服，一边挥手冲他说："放下帘子！你放下！"医生也明显有火，不似刚才温和，直接请他出去找导医询问。

大汉可能感觉自己受到了严重的不公对待，竟然都不把他当回事嘛！他气哼哼地一把摔下帘子，大声说："你都这样了，还怕人看吗？"说罢摔门而去。

女医生沉默片刻，道："这人什么素质！"

我知道医生是在安慰我，却一句附和的话都挤不出来。气愤、伤心、恶心……各种感受混杂在一起，堵得喉头严严实实。在某些人的逻辑里，只有自己的需求才是正当和应该被重视的，旁人都是蝼蚁，女人就更加不值一提。我若也是个彪形大汉，想必他不敢再掀一次帘子。偏偏我不过是个弱质女流，还是个病病歪歪、秃头黑脸的中年妇女，连被他多观赏一阵子都不够格。这么卑微一个我，竟敢向他提要求！竟敢在他办大事、问正事的时候出言妨碍！怎能不令人家大爷"义愤填膺"呢？

认真想想，如果再来一次，我恐怕还是做不出铿锵有力的反击。不随意被人窥见身体，这难道不是一个人该有的最基本的权利吗？难道因为生病，连最基本的隐私权也不配拥有了吗？如果有人真的这么想，我确实无言以对。后来躺上 B 超室内的检查床时，我会格外谨慎，不仅随时留心配合医生"鼓肚子"的要求，更时刻警惕着帘子外面是否有人影晃动，是否有开关门声。

上一次我对隐私的认知被刷新，碰巧（抑或必然）也是在医院。

女儿出生在北京某妇产医院。那年出生的孩子多，虽然早早建档，到了生的时候我仍未分到病床。不过有没有病床并无太大区别，那间病房里算上我共有八名产妇，每人再加一两个陪护，一间十多平米的屋子里簇拥着近二十个人。我是最后被塞进来的，只有一张临时病床，但从另一个角度看也相当公平，因为每张床都一模一样地毫无遮掩，连一幅略略遮羞的布帘子都没有。

这些辛苦疲惫的女性，只能在众目睽睽之下，无可奈何地袒露身体。有人一遍遍尝试着给婴儿喂奶；有人时不时接受护士提着水壶冲洗下身；有人生产时撕裂严重，伤口需要多次上药……男性家属如果比较自觉，就会在产妇们不便时离开病房几分钟。但是八个产妇，事情似乎总也躲避不完，于是稍微转过头去就算是最大的尊重和善意了。

我挣扎了许久，还是让老魏扶着我起来，一点点磨蹭到走廊尽头的公厕去解决个人问题。要在那么多人面前毫无顾忌地响应大自然的召唤，我终究做不到。

对病人而言，隐私果然成了奢侈品吗？更常见的例子一般发生在门诊。

不管医生怎样反反复复地要求，总有人喜欢在别人就诊时，像忠实的卫兵一样牢牢守在旁边，生怕一挪动就会被别的病人抢先。排号也好，先来后到也好，在这些人眼中都是不存在的。他们不认为有必要尊重他人的隐私——那个正在医生面前陈述病情的人，愿意有一个毫不相干的人从头到尾地旁听吗？

有一回明明轮到我就诊，一个中年男人却一个箭步冲进诊室，一屁股坐在 W 医生对面的凳子上。我和老魏以及医生面面相觑。

老魏气愤地问："是你的号吗？"

男人理直气壮地答："我先问个事儿。"

老魏说："你站起来问，让病人坐下！"

男人估摸着自己不如老魏个子高，不情愿地站了起来。

W医生问他："你有什么事儿？"

"你给我爸加个号，我爸胃不舒服。"

W医生一向好脾气，此时声调也升高了："我这是血液科！"

老魏趁机嘘声连连把他赶走，W医生不停地摇头。这是有老魏有医生在，若就剩我自己，估计还是个被人欺负的软包子。

某次我自己去复查，告诉医生我化疗后黏膜损伤的状况，像是口腔溃疡、胃痛、拉肚子之类。

医生问："拉得厉害吗？一天几次？"

那天老魏不在，W医生也不在，只有一个没用的我和一个细声细气的小医生。我身后站着陌生的一男一女，大约都想在我看诊结束后抢占先机，所以彼此较着劲，寸步不离地守在一旁。

我偏又好面子，扭捏半天方道："一天两三次吧。"

"拉得什么样？水一样吗？"

一男一女炯炯有神地看向我。

我沉默片刻，答："就……还好吧，那啥，您帮我开点药就行。"还能怎样呢？难道当着两尊门神详细描绘大便的各种性状吗？我真是做不到啊。

在中医院，这样的事就更多了。那里大爷大妈众多，医生的态度也更柔和，极少会直接要求"无关人等请先出去"。于是大爷大妈和各自家属，乌压压一片人拥在诊室里陪你就诊的情况屡见不鲜。

中医问诊细节尤多，通常我还没说完自己的饮食起居、大便小便，后面的大妈已经用洪亮的嗓门将我剩下的话湮没于无形了。多数情况下，我会就此作罢，后来实在被欺压狠了，我决定反击一次。于是任凭身后的大妈高举着单子几乎盖住我的脸，我仍旧平心静气，屁股坚定地赖在凳子上就是不起来，同时拉着医生没话找话絮絮叨叨说了半晌。大妈一脸怒意瞪着我，我假装不觉，我也是花钱挂号的好吗？我还没聊够呢！

我生娃那会儿，有位朋友同期生产，花了几万元去私立医院，享受的是豪华单间的贵族待遇。我不是没有心动过，但私立医院优质服务的背后，医疗水平究竟如何呢？假如生产过程突发意外，是否有过硬的医疗技术支持？像《绝对笑喷之弃业医生日志》里描述的那样，就算能在私立医院享受鹅肝配芦笋的晚餐，产妇遇到危机时，还是会被转去没有任何服务可言的公立医院。在医疗安全和隐私保护之间，大多数人还是会选择前者吧。

其实能理解，病人就诊时的隐私问题归根结底是中国有限的医疗资源与庞大的人口数量之间暂时无法调和的矛盾。但在确保医疗安全的前提下，在对现实抱有客观认知的前提下，病人能否要求更多一些对隐私的保护呢？比如妇产医院的病人太多，八人住一间病房的情况短期内无法改变，那能不能在每张病床之间拉上一道帘子？B超、心电图等需要袒露身体的检查科室，能否在每个病人进门后允许及时落锁？

更重要的是，每一位就诊的病人和家属，能不能以己之心对待他人，尤其是那些处于弱势的女性、老人、孩子？有句话说得好，一个人怎么对待自己的母亲、姐妹、女儿，就应该怎么对待其他女性。同理，一个人怎么对待自己的父母长辈，就应该怎么对待其他老人；一个人怎么对待自己的儿女孙辈，就应该怎么对待其他孩子。说到底，我们希望自己被如何对待，就应该如何对待他人。

这样或许大家都能在医院里更自在一点，更安心一点。这漫漫求医路，或许就因着你我的一点改变而变得更加温暖和安全。

Chapter 3

忘不了的她他它

19. 黑心棉小棉袄

　　生娃之前，我无数次幻想过女儿的模样——完全没想过也许是儿子——一个温柔甜蜜的小女孩儿，白皙圆润的脸蛋，长而柔软的黑发，灵动的大眼睛，蜜桃一样柔软的小嘴巴。她将穿着漂亮的小裙子，会唱歌、跳舞、画画、弹钢琴，公主一样优雅文静，走到哪里都是受人关注的焦点。

　　然而事与愿违。

　　我真的拥有了一个小女儿，但她似乎早早洞察了我的虚荣心，因而竭尽全力向着完全相反的方向肆意生长，就好比你原本下单的是白雪公主，最后到手的却是狡诈的后妈。

她生就一张小黑脸，加之乐于在阳光下奔跑，更是黑得闪闪发亮。她还长着一双豆子眼，平时看去几乎只见圆滚滚的两枚小黑豆子，只有在想出一个新的恶作剧万分兴奋时才能看出滴溜溜打转的黑眼珠外原来长着两弯双眼皮。

她从来不穿裙子。四五岁的时候，我尝试过给她穿连衣裙，她随手拿起裙摆当手绢擦嘴，或者翻到背后做降落伞忽悠忽悠帮自己练习"滑翔"。等她再大一点，连这样邋遢的穿法也完全拒绝了，她坚定摇头，表示再也不想穿裙子。

她上幼儿园期间，我本着培养气质、打造艺术细胞的初心，逼着她学了两年舞蹈。起初她每次进舞蹈教室前，都要在门口痛哭一场，待熟悉了老师和同学，就开始在舞蹈课上继续她的整蛊大业。有一次，趁老师短暂离开，她从里面把教室门反锁上。老师着急上火，找来钥匙开门，她又纠结一帮小姑娘从里面顶住门，气得老师在家长群里发了一大段文字，请家长管好自家小朋友。

没过多久，她发明了新游戏：在摞成高高一堆的瑜伽垫上"爬山"，然后往下跳。这次真把老师吓得不轻，在微信群里发了一段更长的文字，建议家长不要"过分放纵孩子的天性"，言下之意是该揍就揍，万万别手软。我脸红心跳地读完这段信息，从此以后都让老魏送她去上课，我是没脸再见老师。

如果只是调皮捣蛋也就算了，关键娃真不是块学艺术的料。跳舞永远慢半拍，小朋友们都跳起来了，她还在下蹲蓄力，等大家稳稳落地了，她正蹦到空中最高处，苹果脸大豆眼，实力抢镜。有一年舞蹈班汇报演出，整个舞台就见她慢慢吞吞又格外勤奋，全无节奏地欢蹦乱跳。

至于唱歌，更别提了。她能过目不忘地把长串古文背下来，记歌词是小菜一碟，但是要把歌词放在准确的曲调里唱出来就几乎不可能了。通常听她唱歌，我是完全迷茫的，必须听原唱才恍然大悟："哦，是这首歌啊。"偏巧她还无比自信。我有时用大声陪她一起唱的方式，试图把她从越走越远的走调之路上拉回来，可没两遍她就不高兴了，对我说："妈妈你别跟我一起唱，我都听不见自己的声音了。"而她生来嗓门洪亮，没事自己哼哼也能影响一屋子人，我真为她的音乐老师担心。好在试探了几次，她都说音乐老师"从来不生气"，让我这颗忐忑的心暂且安定。

她最好的朋友早早开始学钢琴，我试探性地问她想不想学个乐器，她认真地皱眉看着我："我没时间。"说完便继续用她的两个奥特曼小人打仗去了。

总之，我别想在她身上找出一点小公主的影子。她好像生来具备了消灭一切艺术细胞的特异功能，不会唱歌，不会跳舞，不会乐器，甚至不会打扮漂亮，对美丽的衣服和珠宝饰物全无兴趣。

这么说也不全面，她有个小密码箱，装满了从我这里搜刮的各种首饰，以及她运用种种计谋收集的零钱。虽然我不知道她存那些钱有什么用，但她显然挺有生意头脑。有一次她给我出谜语，我没想出答案，她说："想知道答案吗？给我三块钱。"再如让她去刷牙或洗澡，她会手一摊："给一块儿巧克力加两块钱。"周末她常常清点自己的密码箱，这种重要时刻其他人是绝对禁止进入房间的。而且隔一段时间，她还要修改密码。

唯一一次失手，是我结疗之后。老魏在长达八个月的

200

独自带娃生活中逐渐被她烦得失去耐心，动辄冲她吼两句，甚者打两下。这也不能怪他，谁在双休日早上 6 点被闹钟叫醒都难免心中有气——自从她独自睡一屋，给她爹上闹钟就成了她的日常乐趣之一。这狡诈的小姑娘于是在家里成立了"TCB"组织（也不知这几个字母是啥意思），自封为组织首领，先把我拉拢进去，然后企图把我妈也吸收进去，共同对付她爹。

有一天吃饭时，小姑娘郑重邀请我妈加入她的"TCB"组织，并且"请付两元会费"。我妈听说要付钱，断然拒绝。小姑娘立即补充："你付完了我再给你三元奖励金。"一听还能赚一块，我妈欣然接受。

这大概是她唯一一次亏本生意。

这位财迷心窍的小姑娘吃起饭来却全然没有敛财时的专注和积极。挺大个人了，吃饭时手和筷子齐飞。她习惯筷子夹起菜后并不直接进嘴，先用另一只手充满好奇地把筷子上的菜仔仔细细抚摸一遍，再一点点塞进嘴里。最恶心的是，塞进去咀嚼一会儿还可能吐出来，观察一下改变后的食物性状，再揉搓感慨一番才又一次吃进去。

确诊前，有一次因这小人儿又在吃饭时玩"抚摸加搓球"，我忍不住吼了她几句。至今记得她睨着我，慢悠悠说道："妈妈，你这么爱生气，迟早会得癌症。"

这事给我的印象太深刻，此后就叫她"黑心棉小棉袄"。黑心棉小棉袄果然道行高深，被她重重打击后没过多久，我就在 CT 片子里看到了那些充满盆腔与腹腔、包绕下腔静脉并把胰腺顶高一大截的瘤子们，它们质地柔软却不能被根治，学名是"滤泡型淋巴瘤"。从此，我正式成为一名恶性肿瘤患者。

她对我生病这事也是关心的，只是关心的方式别具一格。在我确诊后、化疗前的某一天，她不好好做功课，我没忍住又吼了她几句。毒舌闺女再一次斜着她的小豆眼，不紧不慢地说："妈妈，你嗓门那么大，真不像个有病的人。"

我暗自思忖，因为疫情她很久没机会出去玩了，难免心气不顺。于是压住怒火，好言相劝："等你放暑假的时候，妈妈也好起来了，咱们去海边住上两个月怎么样？你就可以痛快玩啦。"

她的小豆眼严肃地转了一圈，认真道："如果你没好呢？"

又被她说中了。由于卡肺，我的疗程推迟了一个月，后续治疗也由 21 天一周期改成 28 天一周期，直到 9 月才完成八次化疗，暑假出行的计划当然泡汤了。

等着病理出结果的那几天，老爸老妈来到北京，一家人每天的话题就是盼着病理分型是个比较好治的类型。黑心棉小棉袄凑过来，我本能想捂她的嘴，然而我的手速还是赶不上她的嘴速，只见她笑眯眯地问："那要是分型不好呢？"

我那颗千疮百孔、饱经蹂躏的心啊……红药水还没来得及荼毒你，黑心棉小棉袄已经给了你无数次重击。

当然，她也偶有温柔的一面。

正式化疗前，我要经历一系列听起来异常恐怖的检查，比如腹部穿刺、骨髓穿刺，比如喝下放射性物质后就不能靠近别人的PET-CT等。做腹穿那天，老妈还不知道我生病，老魏正好有个没法改期的安排，我必须一个人做检查。我这人并不勇敢，容易紧张、焦虑，还有点幽闭恐惧。但我又必须勇敢，我得好好活下去，看着我的黑心棉小棉袄长大、嫁人、生娃，做个在平凡世界里纠结又努力的幸福姑娘。

我说："你能给我一个小亲亲吗？我有点害怕，如果有你给的小亲亲，或许能勇敢一点。"

她极不喜欢拥抱亲吻之类，从小就冷漠得像个情感缺失症患者。谁若想从她那里索取一个拥抱，自她四岁之后基本只能靠巧克力或金钱贿赂。但是那一天，她想了想，温柔地靠过来，用她柔软的小嘴唇在我脸上深深地印了一下，还附加赠品般对我说："有时我也会害怕，会担心有些事我做不到，这个时候我就想，'一定行的，加油！'"一边说一边弯起瘦巴巴的小手臂，皱起鼻子，握紧拳头，做了一个真的很努力的手势。

我也握紧拳头，皱起鼻子："加油！"

做腹穿那天，一大堆医生围着我，由于肿瘤的位置和大血管太近，医生一次次用 B 超探查，又一次次犹豫。我躺在检查床上，晾着肚皮，寒意飕飕，手心和脑后却一直渗出豆大的汗珠。

等显影剂打进去了，医生拿起一根快有我小臂那么长的针，嘱咐我："不要动啊，千万不要动。"

204

我一边答应，一边在脑海里用力想象那个温暖的吻，回忆着柔软的小嘴唇落在脸上的感觉，像一颗星星，带着耀眼的光和热，落进我怀里。灯光昏暗的 B 超室里，我想象我的小棉袄正趴在床头，露出明亮的豆豆眼，对我说："不要怕，一定行的，加油！妈妈！"

医生说："稍后我会按一下针，它会弹一下，你千万不要动。"

那清晰的弹跳，牵动着我的神经和肌肉，每一次跃动都像一记响亮的鼓点，让人心惊肉跳，忍不住想跳下床，远远逃离这一切。然而我只是握紧拳头，一动不动。它在我身体里跳动了五次。第四次的时候，我已经能感觉到痛。

医生说："麻药劲快过了，再忍一下。"

我的小女儿，她就那样站在床头，温柔而坚定地挥舞着她的小拳头："妈妈，加油！"

长长的针在身体里穿行，隐隐的却又尖锐的疼痛一点点弥散开来。最后一次弹跳之后，一切终于结束了。

医生让我自己用手按住那个针眼，发现我满手是汗，便笑："紧张的吧？"

谁能想象，我这么胆小的人竟然一个人做完了腹穿?! 不，并不是一个人，我的黑心棉小棉袄一直陪在我身边。

温柔之外，她甚至也有仗义疏财的时候。

八次化疗结束后，老魏大约是长期压抑而烦躁，总和我争执，有一次气得我眼泪直掉。财迷小闺女旁观半晌，去她的密码箱里翻来翻去，翻出一只黄水晶雕刻的小貔貅，塞进我手里："送给你。"能让她把珍藏的财宝贡献出来的，恐怕只有妈妈的悲伤吧。我泪眼婆娑万分感动地谢过了她，然后反应过来：这本就是我的东西嘛！

回想整个治疗期间，我并未时常感受到影视剧里癌症病人常有的控制不住的悲伤，只有两次崩溃掉泪，不是第一次注射靶向药严重过敏，也不是第一次化疗后恶心呕吐。

第一次泪崩是首次化疗后回医院复查结束，老魏推着坐在轮椅上的我步行去奶奶家院里取车。路过奶奶家窗下，我没敢抬头往上瞧，忽然很想看见闺女，又很怕看见她。我想她想得肝肠寸断，又怕看见她却不能拥抱她的那一刻，心会疼得更厉害——当然，她也不见得愿意让我抱。

老魏听见我压低的抽泣，也难得温柔一回，安慰我："没事儿没事儿，过几天白细胞上来了，就让她回去看你。"

我哭得口罩里都是泪水，却发不出声音。庆幸的是大冬天的，我戴着大大的帽子和口罩，还有一副蒙了白色雾气的眼镜，迎面而来那么多人，没人知道我的悲伤。果然人类的悲欢并不相通啊，和你擦肩而过的那个人，你怎么知道 TA 经历了什么样的故事呢？

第二次是由于白细胞一直下降，眼看要跌至谷底，我只得闭门不出，更不能和娃见面。恰逢周六，老魏带娃来家附近的培训机构上课，中午给我送吃的，顺便带走些东西。我们只能把物品放在门口的鞋柜上交换，隔着猫眼彼此遥遥相望。

他们来之前，我认认真真写了一封给娃的信，连带其他东西放在一只提包里，挂在门把手上。12 点，老魏准时出现在门外，我在猫眼后面伸着脖子，万分激动地想看女儿一眼，然而只看见老魏那张大脸。他离开那一刻，我的眼泪唰地掉下来。

我妈赶紧问："怎么了？怎么了？"

我抽噎得不行了，勉强挤出一句话："没看见娃。"

当时我以为这已经是最令我心碎的事了，没想到更大的打击还在后面：老魏说他找遍了所有的口袋，也没找到我写给娃的信。

我妈说："要不你就微信上写几句话给孩子吧。"

我想了想，说："还是算了吧。"

她的世界里不能只有一个生病的妈妈，她应该去读书、去奔跑、去爬山、去游泳、去打篮球、去做游戏、去冒险甚至去打架、去耍赖……去完成一个健壮而年轻的生命应该完成的一切。庆幸的是，她正是这样快乐而坚强地一天天长大。我不在乎她能否成为学霸，是否受人欢迎，我只愿她像她的名字一样，如意就好。

昨天，这快乐的小姑娘一边哼着走调的小曲，一边上英文课。老师问她最讨厌什么天气，她答："最讨厌台风天，因为妈妈戴假发。"

好吧，虽然她忘记了不告诉外人我戴假发的约定，可她的关心很真诚。她没有为我的病掉过眼泪，她的爱不像大部分小姑娘那么柔软亲切，她用自己坚强乐观的方式爱着我，真挚又甜蜜。

我最最亲爱的黑心棉小棉袄，如果我能幸运地康复，我会随时提醒自己做个更温柔、更有耐心的妈妈。就算我不能彻底康复，甚或不能陪你走很久，你一定要也一定会快乐长大、勇敢生活。

我是如此了解你，我是如此深爱你。但是请你少爱我一些，把爱都留给自己吧，最珍贵的、独一无二的你。

20. 神奇女侠变小了

2021年2月，我确诊为滤泡型淋巴瘤，化疗开始前做的第一件事就是给我妈打电话，请她来北京。像大多数母女一样，我和我妈也是一对刺猬——离得近了，我烦她独断专行，她嫌我邋遢怠懒，各种矛盾争吵不断；离得远了又彼此思念，恨不能每天电话语音沟通感情。

我妈是个挺强势的人，跟我爸离婚后过惯了自己当家作主的日子。小时候，她揍我是不吝力气的，还很有创造性，各种工具都招呼过，像是塑料尺、钢尺、鞋底子和羽毛球拍子等。直到我上了中学，长成了几乎跟她一样高的强壮少女，有一回她扬手要揍我，被我抓住胳膊，她挣扎了两下，竟没挣脱。她气笑了，道："你还反啦！"从此不再揍我。

我妈揍我主要是因为她极其能干、利索，又超级有秩序感。我从小生活在被她整饬得一尘不染、纹丝不乱的世界里，要遵守各种烦琐而具体的规矩：有客人时不能大声谈笑，杜绝人来疯；每天吃饭、睡觉、写作业的时刻必须分秒不差；不能在外面吃东西，尤其不能吃街上的烤羊肉串；和同学要团结又不能太亲密，更不能去别人家写作业……此外还有种种难以糊弄的卫生规则。我妈想逼着我成长为一个像她一样优雅、洁净、利索、勤劳的好女孩儿，无奈我天生懒散，满脑子偷奸耍滑、懒惰馋嘴的小心思。我由衷佩服她创造的那个美好雅致的世界，不过我并不想那样生活呀！我的成长几乎就是一个想方设法逃避她的火眼金睛，在她眼皮子底下搞各种小动作瞒天过海的过程。在这条母女对峙的漫漫路上，她打我的理由也算相当充分。

话说回来，我确诊后第一时间打电话给老妈，是因为老魏得上班和接送照顾娃，不能随我住院化疗，也不能在化疗后日夜陪伴；更是因为似乎只有老妈在，我才能踏踏实实、安安稳稳，她的世界总是那么坚定稳妥，就算癌症也不能撼动分毫。这是头一次，我觉得一丝不苟的妈妈带来的不是反抗的小火苗，而是满满的安全感。我甚至觉得就算喊医生抢救，她也必定比所有人喊得更标准、更科学。唯独没考虑到的是，妈妈也会变老。

初次开住院单准备化疗，W医生问我："你家里人陪护吗？"

"我妈陪我。"

医生略迟疑："你妈多大岁数了？有没有高血压心脏病什么的？"

"60岁，身体很好，什么病也没有。"

这才察觉老妈竟然到了花甲之年，在别人眼里已经不是她照顾我而应该是我照顾她了。仿佛就是昨天，她还在敲打我的后背，让我"挺直了，别驼背！"。如今，她倒略略驼起来了。

我妈到北京后的头回失意，发生在第一次陪我化疗期间。我妈根据她的人生经验决意给我的主治医生送红包，实际她这人清高得很，一辈子没奉承过谁，也没求过谁，压根不擅此道。可是为了我，她决定抛下面子。入院前，她准备了2000元，装在牛皮纸信封里。住院的第一晚正好碰上我的主治医生值夜班，老妈趁同屋病友不注意，揣着信封一脸悲壮地走出了病房。看着她壮烈赴死一般的表情，我脑中不知怎么反复回响着"壮士一去兮不复还"。她是怎么躲过护士鹰一般的眼睛溜进医生值班室的呢？至今仍不得而知。大约一小时后，我妈终于回来了。她表情复杂，有些失望又有些轻松，冲我摇摇头："W大夫死活不要，我跟她推了半天。"

在近一年漫长的化疗过程里，我渐渐发现老妈不再无所不能，她的记性在慢慢变差，有越来越多难以搞定的难题、思虑不周的尴尬。医生查房时，她甚至会退到角落里，担心因自己听不懂而影响我和医生交流。她不再是那个霸道的妈妈，倒有点像个糊涂的孩子。

初次住院，我妈像以前一样仔仔细细打点了一大箱行李，每件东西都用几层塑料袋紧紧裹好，再整整齐齐打包装箱。然而，她却忘了带自己用的被子和枕头。头一天晚上8点多，我们租的陪护床到了，那是一张类似躺椅的窄得翻身都难的尼龙床，被褥之类则完全没有。

我妈问人家："租床不给被褥吗？"

"没有啊，你盖个大衣呗。"

我妈何曾受过这种罪？她一辈子都在一个整洁、干净、秩序井然的世界里生活，丝毫没有应对此种情况的经验。我想让老魏送被褥，可疫情期间，医院不允许病人家属随便进出。尝试着跟护士沟通了好几次，她们拿来一床干净被套。我妈千恩万谢地把它当床单铺在窄床上，再把自己的羽绒外套盖在身上，才算勉强睡下。

我用龟速输了整夜的美罗华。我妈呢，蜷缩在羽绒外套下，连翻身都不敢。现在回想，那夜的艰难宛如刻在树上的文字，时间也无法让它消失不见，只能随着树的成长一点点改变形状，变得模糊罢了。

次日一早，护士长随医生查房，我妈趁机索要一床被子。护士长人很好，特批了被褥，我妈在接下来的几天里总算不用缩在羽绒服下瑟瑟发抖了。

第三次化疗时，我的同屋病友是位来自东北的阿姨，她人好又健谈，我妈同她相聊甚欢。阿姨出院的前一天，正好是一周一次的家属送东西日，她家叔叔先一步出院，去外面买麻辣烫，以解她吃不下医院配餐的惆怅。

叔叔在麻辣烫小店开着手机现场直播："看看这个丸子要不要？菠菜要不要？海带要不要？……"阿姨就这样远程点了一大份麻辣烫，由叔叔送到病房。

午饭时我和我妈吃着索然无味的医院配餐，闻着阿姨那边的麻辣焦香，着实羡慕了一把。出院后，我妈还常常念叨"麻辣烫阿姨"，回味一同住院的趣事。

后来又一次住院，我先进病房，发现同屋正是东北阿姨。寒暄中，我妈背着大包跟进来，我笑道："妈，你看，遇见熟人了。"

我妈仔细端详一番，说："你好你好，你是那个河南的那个……"

我连忙说："你再仔细看看。"

"就是嘛，河南的那个嘛！"我妈再次打量人家，接着转向我，"我刚看她第一眼还以为是'麻辣烫阿姨'呢，长得有点像哈？"

阿姨怔了怔，道："我是吃过麻辣烫，不过我是东北的……"

我妈略显尴尬，假笑着继续与人寒暄。我埋头看手机，装作给人起外号这事与我毫无干系。

还有件事令我妈纠结万分，那就是她有时会打呼噜。

其实病友或家属打呼很常见。我遇见过一位陪护老伴儿的叔叔，只要他声明自己要睡了，躺下后不出十秒必定开始打呼，声音之响隔着我的 3M 耳塞依然清晰无比。我只得把耳塞换成耳机，放了一整夜音乐，才算勉强睡了几小时。这种事在病房里就像在卧铺车厢里一样难以避免吧。

我妈年轻时并不打呼，据她分析，可能是年纪渐长，哪块肌肉变松弛了，若是白天比较疲倦，夜里尤其容易打呼。在家这不算大毛病，可到了医院要和别的病友、家属合住一屋，我妈就特别担心自己打呼会影响别人。为了不妨碍人家休息，她每次都要等到夜里 12 点左右才睡。

有一回化疗，同屋是位刚确诊的山东大姐，我进病房时她正在掉眼泪，可能也因此情绪不稳定，入睡异常艰难。偏偏那次租的陪护床不太结实，我妈稍有动作，它就嘎吱作响。第一天夜里，我吃了安定后早早睡下，迷迷糊糊中听到山东大姐和陪护她的大哥此起彼伏地发出大声的长长的叹气，像是某种压抑的抗议。我翻身看去，只见我妈正以比乌龟还慢的速度伸出一条腿，小心翼翼企图把脚下的被子蹬平，随着她每一个轻微的动作，那张摇摇欲坠的床都会嘎吱响一声。叹气声紧随而来，我妈的动作僵在半空，片刻后又继续试探，可是又嘎吱，叹气声再起……没过多久我就昏昏沉沉睡了过去，也不知我妈到底和叹气声纠结了多久。

第二天早上，大姐和大哥的脸色都不太好看。我妈当然也知道，于是她主动提出当晚睡到阳台上去。病房外面有一个宽敞的大阳台，且每间病房外的阳台是打通的，形成了一条长长的走廊。夏天的夜晚温度合宜，陪护病人的异性家属有时会睡在阳台上。我妈这方案一出，大姐两口子都很高兴。只有我知道，以我妈的生活习惯和谨小慎微的性格，睡在阳台上无异于登月般的大难题。

天还没黑，我妈就开始布置她床边的各种障碍物，把病房的两张椅子都搬出去挡在床边上，同时观察其他病房的家属是否面善，会不会有精神变态夜里发动突袭。

我劝她："要不你别出去睡了。"

"算了，我怕我打呼，搞得人家又睡不好。"

晚上，我妈郑重其事地与隔壁两口子挥手告别，义无反顾地睡了出去。我也吃了安眠药，早早入睡。前半夜太平无事，大概三四点，我被一阵争吵声吵醒，翻身一看——哎，我妈又睡在我旁边了。

声音是从阳台上传来的，只听夜班护士说："人必须睡在病房里，睡阳台上摔了碰了怎么办？"

山东大姐："她打呼太吵了，我睡不着。"

"人家打呼，你们说不定也打呼，自己不一定知道，嫌吵可以戴个耳塞啊。"

大姐："我睡眠特别不好，昨天晚上就没睡好，今天我就睡这里了。"

护士无奈地转向大哥："家属不能睡病人的床。"

"那我睡哪里啊？我不得陪着她吗？"

"你们这样不符合规定，病人必须睡病床，家属不能睡病床。"

"她呼噜打得震天响，我们怎么睡啊？"

我伸头去看我妈，她埋着头一动不动，看不出是醒着还是睡了。不过他们说话这么大动静，她应该是醒了。对她这种个性的人来说，被人如此非议，想必很不好受。到了这个岁数，她本应开开心心地旅行拍照逛公园，却因我被拘在这小小的病房里，听着别人对她的指摘而不能发一言反驳。

护士气呼呼出去了。邻床大哥也气呼呼地搬了把椅子，坐到阳台上去"陪护"了。我妈再没打呼噜。后面的几个小时，三个装睡的，一个坐着生气的，大家尴尬无比地熬过了那一夜。

次日，我们总算该出院了。想到自己不会再打扰他人，我妈也算轻松了些，还寻找机会跟对方解释："昨天晚上蚊子实在太多了，所以后半夜我又搬进来了。"

那个破破烂烂的陪护床虽然睡着很不舒服，但分量并不算轻。我妈是怎么一个人慢慢把它从阳台上挪进屋里，却不曾发出一点声响的呢？那些曾经用来揍我的力气，不是已经随着流逝的青春离开了她的身体吗？

不过，老妈骨子里的强势仍在。对我的衣食起居，她比以往任何时候都管得更加起劲。

靶向药原本就伤肺，我又患了卡肺，引发了肺结节、

220

肺大疱等问题。我妈听说百合补肺，便坚持每天早上给我蒸一大碗百合，不吃完不能下桌，以至于后来我一见类似的白色食物就犯恶心。为了补充蛋白质，她还要求我每天早上至少吃两个鸽子蛋和一个鸡蛋。吃了一段时间去复查，哎哟，胆固醇高了好多！

我妈坚信饮食与锻炼是提升免疫力的终极法门，因此每日陪我下楼散步，还让我加入广场舞大妈的队伍。我不好意思，邀她一起参加，可她对加入老年舞蹈队一事嗤之以鼻，自己远远躲在长凳上玩手机，同时严密监视我有没有老老实实跟着出腿——手臂有管，不能举高——像极了儿时被她盯着写作业或练琴。

老妈监督我也保护我，像只老母鸡把我罩在羽翼下，虽说我已人到中年。有一次，我们俩在小区花园的跑道上快走，一位大妈迎面而来，狠狠撞上了我的手臂。大妈撞人后既不躲闪也不道歉，如同一艘离港的帆船，昂首阔步一往无前。我看对方势头太盛，便想换个地方遛弯，但我妈对大妈撞我的行为耿耿于怀，非要和人家一较高下。我被换到里侧，转过一圈再次相遇时，大妈仍没有丝毫错身的意思。我妈不再犹豫，用力撞了回去，随后拉着我扬长而去。我悄悄回头窥了一眼，只见帆船搁浅在原地，满面错愕。我忍不住心生佩服，这才是老妈真正的实力啊。

化疗期间，我跟我妈也没少吵架。最厉害的时候，两个人都哭着向我爸投诉，她诉说我的乖僻不懂事，我抱怨她的霸道难相处。然而在那艰难的十个月过去快一年后的今天，在写下这些字的此刻，萦绕心头的既不是她对我懒惰、邋遢、不听话一如既往的埋怨，也不是她无微不至的照顾和保护，而是那些她沉默着忍耐着无措着的时刻：她因记不住医嘱而着慌；她一次次说错拗口的药名；她在病房里辗转反侧又怕打扰别人，每一个动作都格外小心……

那些时刻的她，不像记忆里那么强悍，倒像她最后一次揍我时被我抓住胳膊的样子："你还反啦！"如今一切都在慢慢反过来，那个神奇女侠般的妈妈变成了孩子，我变成了大人，以后或许需要我罩着她吧。

妈妈，希望我们能在一起久一点，更久一点。毕竟，你还没怎么享受过被我罩着的日子呢。

21. 妈妈的妈妈叫什么

　　确诊淋巴瘤后，我经历了近一年的化疗和两年半的维持治疗。新冠疫情叠加治病，整整四年我没有回过老家。我的老家扬州是一座小而精致的城市，从古至今，它承载着无数中国人关于江南的想象。对许多人而言，它是烟花繁盛的温柔水乡，所谓"腰缠十万贯，骑鹤下扬州"嘛。实际上，扬州地处长江以北，在苏锡杭一带的"正宗"江南人眼中，它算北方，盛产搓澡工和修脚师傅。

　　四年未归，思乡心切。2023 年国庆，趁着两次靶向治疗的间隙，我预防性地使用了丙球蛋白和升白药，决意来一趟拖家带口的归乡之旅。10 月初，正是南方桂花最盛的日子，桂花喜欢温暖潮湿的气候，如我妈所说："头一天下过雨，第二天再出太阳，那就香得不得命了。"出了高铁站，空气里尽是桂花甜香，一路引我们回家。

打开家门，90多岁的姥姥正颤颤巍巍给我们下虾籽面。芝麻大小的红色虾子铺在碗底，酱油猪油调和出朴素真诚的香气，细瘦筋道的水叶子面在比我年纪还大的铁锅里起起伏伏……几年未归，家的味道始终如一。

家里常住人口只有两位，一个是我妈，一个是我姥姥。多年前头一回向女儿如意科普家庭成员，我指着姥姥说："这是你太婆婆。"为什么是"太婆婆"而不是"太姥姥"呢？因为我妈。按南方习惯，妈妈的妈妈叫"外婆"，但我妈执意让我叫"姥姥"。这也不要紧，只是相对应的"姥爷"，我妈却又让我叫"爷爷"，理由是"姥爷不好听"。每次有人问："你家里还有谁啊？"我都答："我姥姥和我爷爷。"对方总会愣神半晌，惊讶于人物关系之错综复杂。而我那位货真价实的爷爷（爸爸的爸爸），只能在前面加上一个地理位置以示区别——大连爷爷。对自家人来说，称谓没多大要紧，毕竟我和大连爷爷很少见面，不易混淆。只有对外陈述时，才需要标准化的表达。后来我学会了在介绍家庭成员时统一称呼"我外婆和外公"，以避免不必要的误会和麻烦的解释。

没想到等我妈自己当了姥姥之后，她又决定把称谓改回"外婆"。"姥姥听着多显老啊。"她一脸嫌弃，一边教如意，"叫'婆——婆——'"，全然忘了她当上姥姥时的岁数已比我姥姥当年老了至少十岁。于是我们四代女人同时出现的场面就有些混乱，往往是"妈妈""姥姥""婆婆""太婆婆"满天飞。

这还不算什么，最炸裂的操作当数我的名字。

小时候我叫"丹宁"，我妈觉得这名字太普通，先是把"宁"字换了，过了段时间仍看不顺眼，便决意给我彻底改个名。按她的脾气，这自然不算大事，只是万万没想到她要连姓也一起改了。"你生在江苏，不如就姓'苏'吧，'苏丹'多好听。"彼时我小学六年级，正在青春期的头顶尖上，整个人愚蠢又锋利，好在并未丧失理智。见我不肯就范，我妈倒不气馁，自觉退了一步，道："要么叫'苏杭'，棒不棒？"那我如果生在东北，岂不该叫"黑吉辽"？

我妈这个人，犹如人类群体中的基因突变，满脑子天

225

马行空，似乎什么事情都不能将她桎梏。如今想来，真得感谢十几岁的我坚决捍卫了自己的姓氏，严词拒绝了她让我姓"苏"的奇思妙想。不过我妈的字典里没有"放弃"两个字，她还是去派出所坚决地去掉了我的姓，让我顶着"丹"字开头的名字许多年。那些年每次升学，总有新结识的老师同学好奇地问我："你姓丹，是不是藏族人？"

不胜其烦若干年后，我妈又想出一个新名字——保留了我爸给我的姓，去掉了她一直嫌土的"丹"字。这回我接受了她的建议，因为新名字的核心要素是绿茵茵的植物，我挺喜欢。更重要的是，继续拒绝恐怕会激起她的逆反心理以至于给我推荐更离谱的改名方案。户籍科大姐是老熟人了，毕竟我妈已在那里给我改过两次名字，给她自己改过一次名字。

不止如此，就连我二姨、二姨父也被施与福泽，都被我妈赐了新名字。虽不曾走官方路线，但日常在家互相称呼都用新名字，连名带姓，正式又新鲜。我妈甚至热情满满地帮老同事家新出生的小孙女起名字，我听见她在电话里给人家出谋划策："叫'黄樱桃'也蛮不错，好听吧？"

这孩子长大会不会恨她奶奶呢?

仅仅改名是不够的,我妈还热衷于给别人起外号。我娃由于戴近视镜,被我妈唤成"小眼镜儿",得用四川话念,尾音拖得长长的,拉出几个拐弯。我妈在手机通讯录里把我存成"茼蒿儿",这与她赐给我的新名字有关;最惨的是老魏,被她存成"微博"。

我妈这么不靠谱又无厘头的个性是从何而来呢?我百思不得其解。我姥姥可是非常端庄整肃的那种人呀。姥姥是湖南人,骨子里继承了湖南人的"硬"和"倔",耄耋之年的她不仅完全自理,还试图把别人也一起"理"了。她仍然能够炒菜、煮粉、擦拭厨房、整理物品,且时时监督做家务的我妈、我二姨、小时工等,指点江山挥斥方道。

这绝不意味着姥姥是只扫一屋的家庭妇女。她出身书香世家,写一手漂亮的毛笔字,工作严谨细心,如今虽年事已高,不怎么出门,却仍保持着关心时事的习惯。前些年回家,姥姥认认真真问我能不能背下来"八荣八耻",还身先士卒一字一句地背给我听。

有一年我带娃回扬州过暑假,其间临时增订了我们两人的牛奶。月底收费的大姐上门，报出一个数字。姥姥略一沉吟，迅即报出另一串数字，涉及起始日期、牛奶单价、人数变更以及最终总价。大姐听罢满脸是汗，找我借来纸笔埋头苦算，而后落荒而逃。大获全胜的姥姥云淡风轻拂衣去，一脸蒙圈的我唯有敬佩的份儿。

姥姥脑子清醒，手脚利索，唯一的毛病是耳朵背得厉害。不过，她从30年前就开始耳背了。记得爷爷在世时，某天要去澡堂洗澡，问姥姥装洗漱用品的网兜在哪里，她从容答道："在冰箱里。"

几十年来，姥姥一点点变老，听力也愈发下降。国庆过后我回到北京，给姥姥打电话报平安。她问我："折腾一趟累不累？身体还好吧？"

我气出丹田，大声答："好！"

她大惊失色："不好啊？怎么不好？"

姥姥喜欢看电视剧，可是听不清人物对白，所以我妈总是把电视声音开得很大，大到稍微响起点抒情音乐，液晶电视单薄的身躯就隆隆轰鸣。我屡屡担心电视机下一秒就要爆炸。中秋节那天，我们全体围坐在客厅里看中秋晚会，一首首歌接连唱下去，估计左邻右舍乃至楼下路过的行人，也都跟着我们一起欣赏了整台晚会。

如意体贴太婆婆耳背，每每跟她说话，总把小脸蛋凑到她脸跟前，一老一小几乎鼻尖碰着鼻尖。姥姥倒不嫌弃那迎面而来的吐沫星子，反而在彼此贴近时笑眯眯伸出手捧住她的小腮帮子。

晚上，如意跟太婆婆睡一屋。两人各自一张床，中间的床头柜上放着一盏台灯。每天如意先钻进被窝，太婆婆还在洗手间里慢慢吞吞地洗漱上厕所。等她从洗手间出来，总要喊山似的冲如意道："你——关——灯——吧——"如意也喊回去："你先关洗手间的灯，你躺好了我再关台灯。"

吼着对完暗号，姥姥关掉洗手间的灯，沿着台灯发出的光束慢慢走到小床边，再慢慢上床躺好。如意见她躺好，便关掉台灯，房间就此沉寂下来，黑暗像一张薄被盖住家里最老和最小的两个人。她们见面不多，却有种莫名的默契，仿佛生命是个头尾相衔的圆圈，她们是离彼此最近的所在。

20多年前，爷爷患肺癌去世，那是我初次切身感受到死亡。很多年后的某日，与姥姥闲坐聊天，她蓦然哭出来："这一辈子，我对你爷爷只有一件事不满意，说好同年同月同日死，他没有做到。"坚强如姥姥，那是她头一次也是唯一一次在我面前落泪。不知是不是因着爷爷，姥姥对生病后的我一直小心翼翼，每次打电话都要提醒我及时复查，好好治疗。她甚至能记住我何时该再次入院治疗，假如我没打电话回去，她就让我妈发信息提醒我。

姥姥脾气硬，不大说软话。我从小长在她身边，被她保护，被她照拂，却也在青春叛逆时与她作对，嫌她限制我的自由，一心想要逃去远远的地方，任谁也管不着我。

后来，毕业工作结婚。公婆头回上门，姥姥握住我的手，郑重地对我未来的婆婆道："她呀，从小什么都不会做，方便面都不会煮。"我心里有些恼，这搞得我多没面子呀。"她是我们家的掌上明珠。"姥姥继续说，众人点头。我妈睁着清澈而愚蠢的眼睛，坐在一边傻笑。那一刻我忽然明白，正是因为姥姥撑起一片天空，妈妈才能一直无忧无虑，当个无所畏惧、作天作地的小女孩儿呀。

回家七天，吃喝玩乐到第五天，姥姥和妈妈就开始倒计时，念叨着"还有两天""还有一天"。等真要走了，我妈开车送我们，姥姥孤零零站在房门口，一个劲冲我们挥手。送到高铁站，如意和她爹先一步下车。我妈趁他们看不见，一把抱住我，将她的脸贴上我的，"要好好的"。她还是老样子，每次分别总哭。

想起十多年前，我出差路过敦煌，在夜市上看见一位老爷爷正用木头刻印章。木头未经打磨，显得拙朴可爱。老爷爷说那是胡杨木，活着千年不死，死后千年不倒，倒后千年不朽。我也不知真假，虽说有点贵，奈何心里喜欢，就请他刻了两枚印章，一枚是我的名字，一枚是我妈的名字——自然都是她改过的。

若有机会再去敦煌，一定要给姥姥和如意也各自刻上一枚。话说回来，姥姥也是改过名字的，她年轻时参加革命，把自己的名字从"文青"改为"明"，大约是一心向光明的意思吧。看来我妈的改名癖多少是事出有因呢。

22. 露出马脚的直男

据说，就算是最美满幸福的婚姻中人，也会不止一次有想要离婚的冲动。我深以为然。

距离写这篇文章最近的一次吵架，发生在今天中午12点钟。我向老魏抱怨上午来干活的小时工阿姨不守时间，偷工减料，只擦灰不肯拖地……

他冲我翻个白眼："那是你的问题，你不会指挥人。"

我气结，难道还得先考个MBA才配指挥小时工工作？"是你联系的家政公司，你就不能找负责人投诉一下，下次换个人？"

老魏睃着我："人都一样。你就得在人家一进门时立即把所有工作安排好，你得说先干什么再干什么，要擦哪里，用什么擦，在哪里倒水……"

我掉头就走，留他一个人继续管理空气，一边咬牙切齿地想：嫁你真是瞎了我的狗眼啊。

老魏之所以被我称为老魏，当然是因为他姓魏，年纪又比我大，加之从年轻时就总是一副老气横秋的模样。据他的发小告密，这家伙从小学起就被同学这么喊了。那时候，同学在楼下唤他出去玩，一声"老魏"之后，窗户里总是探出一大一小两个脑袋，一个是他，一个是他爸。

老魏的老气横秋表现在对身边一切人和事的态度上，首当其冲的自然是我。我年轻时爱穿短裙，他总是不情不愿地反对。有一年婆婆送我一块挺漂亮的呢料子，让我裁条短裤穿——那几年十分流行冬季穿呢子短裤。我兴冲冲找裁缝做好，得意地配靴子穿起来，自觉美丽不可方物。

"你可别穿成这样出去。"老魏拦腰一句，把我的兴致齐刷刷斩断。

"这是你妈咪让我做的样式。"我竭力反驳。

"哪有大冬天穿短裤的？"他摇头晃脑。

"你还不如老太太时髦呢。"我恨恨地咬牙。

但凡老式的东西，老魏都衷心拥护。婆婆家的微波炉是 20 年前的松下出品，火力已然不足，食物加热半天还是温乎的，他却称赞微波炉用料扎实："多沉啊，现在的东西都轻飘飘的。"

还有婆婆家的老空调，外壳已经泛黄，近 30 岁高龄，每次启动我都忍不住赞一句"身残志坚"。2022 年的夏天特别热，我劝老魏换台空调，他还是同样论调："这老产品才是真材实料，现在的东西嘛，都是凑合事儿的。"结果这台福寿绵延的老空调坏在了气温最高的那几天。老魏在他的小房间里辗转反侧多日之后，下决心换了台新的，可装上新空调才一周，温度就直线下降……

勤俭持家的老魏对所有浪费行为都耿耿于怀。有回他买了两个新肥皂盒，我就顺手把旧的扔掉了。他发现后异常愤怒："那个肥皂盒是不锈钢的啊！你怎么能扔了？怎么能？"

"有新的了，旧的没用处了啊。"

"它是不锈钢的啊！你怎么能扔了？怎么能？"

"不锈钢的很值钱吗？"

"80多块呢！"

"赔你100块，别叫唤了哈。"

然而对治疗淋巴瘤这么耗费财富的事，他倒从没抱怨过一句。医生最初就提醒我这病要花很多钱。那时保险还没办下来，我心里忐忑，天天为那不知是多少钱的"很多钱"发愁。

老魏见我愁眉不展，分外豪爽地一挥手，道："你不要想钱的事情，没有保险咱们也治！"

"可是要很多钱。"

"咱有钱！"他坚定自信地点点头，"你就放心治，不要担心钱。"

这大概是我们在一起快20年来他最豪气的一次。

我卡肺住院期间，老妈发信息说老魏担心家里的旧洗衣机隐藏霉菌，换了台新的，还买了紫外线消毒灯，彻底消毒全屋。虽然洗衣机、消毒灯都不是贵重东西，但他能想得如此周全，还是让病床上烧得颤抖的我心头一暖。

可惜在选择维持治疗的方案时，老魏又暴露了他一贯的抠门和低情商。医生让我们选择用进口药还是国产药。

老魏四处征询意见，反复研究，而后语重心长地跟我说："来那度胺还是吃国产的吧，你这个病还会复发，咱们得留些钱，以后用钱的地方还多着呢。"

是不是我表现得太坚强，让他忘了我还是个病人呢？彼时我的理智按住我的后脑勺重重点了点头，接受了他的宝贵意见。我的情感却操控着我的手，很想给他的后脑勺来上那么脆生生的一下。最后没打下去，是因为看到他后脑勺上新长了好多白头发。

我生病这两年，老魏终于见老了。虽比我年长不少，他却一直很显年轻。我将之归结为：凡事（除了勤俭持家相关的事）不走心，天天没烦恼。他永远戴着眼镜，穿着格子衬衫，理着高中男生式的短发（楼下"十元一位"的大姐只会剪这种男士发型），再加上一直清瘦的身材，年届不惑时看上去还像个蠢萌大男孩儿。

化疗期间，我和我妈几乎与世隔绝。老魏独自带着娃跟公婆住在一起，公婆年事已高，管好自己已属不易。老魏每天上班下班，送娃接娃，做饭洗衣，辅导功课，还得在我需要时车接车送，在能送东西的日子把干净衣服、零食、日用品送去医院。其间我回过一次公婆家，和女儿睡在一间屋里。半夜，老魏习惯性地进屋给娃擦汗、盖被、关门。我迷迷糊糊中忍不住想，过去一年的每一天晚上，他都是这样度过的吧：一个人默默在隔壁屋里等着孩子睡着，再默默完成那套日复一日的擦汗流程。这家伙还真是像电脑程序一样不知疲倦、分外严谨啊。

他的内置程序里设置的行动太多、语言太少。他从来不说"爱"，对我对女儿都不说。住院期间再怎么牵挂，他也很少视频或电话。我经常羡慕同屋病友每天都有亲人长时间的视频电话陪聊问候。老魏呢，除非我先发信息去催，他几乎不会主动视频，就算视频来了，也是说几句就迫不及待要挂。

他的爱，都被他一针一线密密实实缝在时间的皱褶里。除了他自己，别人要想发现，就跟考古学家挖掘恐龙化石一样不容易。好在我虽然近视，目力还是甚佳。一次次，仍然被我窥破他的隐藏地点。藏在哪里呢？在我做支气管镜检查时，他拿着知情同意书微微颤抖的手里；在目送发着高烧的我被推进电梯还久久不肯离开的视线里；在推着轮椅上的我一遍遍穿梭在医院与家之间的脚步里……这个开不开空调要看温度计、一切都以数据说话的钢铁直男，他的爱其实从未缺席。

化疗结束后，陪伴我整个疗程的老妈功成隐退回了老家，我们一家三口与公公婆婆交换了房子。公婆的房子老旧，但离我就诊的医院步行仅需十分钟，着实是方便了很多。女儿的学校与家之间，也是差不多脚程。就这点距离，除非老魏工作实在走不开，否则都是他负责接送娃上下学，回家路上还要顺便买菜、拿快递。进家门的时候，常常是娃一路欢歌飘进屋，他在后面一头大汗，肩上挎着书包，手上捧着若干快递纸箱，手指上再见缝插针挂几个装菜的塑料袋。

每天晚上，我洗完澡躺在床上晾头发看手机。老魏辅导娃做功课，手洗娃的衣服，倒垃圾，锁门闭户，半夜给娃擦汗盖被子。早上6点半，他第一个起床，做早饭，叫娃起床，送娃上学。我只要赶在娃出门前爬起来给她扎个辫子，这是老魏一直学不会的少数技能之一。

刚搬来时，老魏非要给我的房间换窗帘。我说："不用呀，这个旧窗帘我很喜欢。"老魏秉承他人狠话不多的一贯作风，直接下单给我买了两幅亮蓝色窗帘，上面印着小鹿和粉红色的爱心。窗帘挂起来时，我觉得我的屋子一片花里胡哨的耀眼光辉。挂了半个多小时，我勇敢地跟他说："把窗帘换下来好哦？"正好娃蹦过来看热闹，表示这窗帘她喜欢。于是我接手了娃屋里的绿色波点旧窗帘，娃挂起了闪亮的新窗帘，欢欢喜喜蹦走了。

虽然结局皆大欢喜，但有天想起这事，我还是随口抱怨："哪有你这样的，我都说不要换窗帘，你非要换，还换个那么花哨的，明知我不喜欢花花绿绿的东西。"

老魏秃噜了真心话："那个旧窗帘是白色的，不吉利。"

哦，他的爱，又不小心露出了马脚。

想起化疗期间遇见的好几位病友阿姨，她们背后都有一位有趣又顶用的叔叔，也都属于行动比言语强的类型。

一位来自河南的阿姨高瘦优雅，时常捧着本书，相当文艺。她家叔叔正好相反，矮胖敦实，脸膛黑黑。两个人站在一块儿，活像黄袍怪抢走了百花公主。叔叔每天中午必须喝上两口白酒，吃两颗花生米或啃几口黄瓜。

初始我觉得这叔叔有点黑社会气质，不太敢接近。有一次护士送来体温计给病人量体温，收体温计时，叔叔从自己怀里掏出体温计递过去："我是 36.5℃。"

屋里顿时笑声一片，护士笑得直不起腰："是让病人量，不是您！"

笑过之后，我们才发现叔叔的可爱。每天晚上，阿姨一个眼神示意，他就立即搬起陪护床去阳台上睡觉，无论天气冷热。有一晚我忍不住说："让叔叔睡屋里吧，没事儿。"叔叔开心地说："我打呼，吵得她睡不着，就在外面吧。"

第二位是前文写过的东北阿姨，她化疗反应比较严重，医院供应的餐食又很普通，所以她常常吃不下饭，心情也备受影响。每天总有那么两三次，她家叔叔会被她狠狠怼几句。

某次两人讨论病情，阿姨灰心道："我 50 多了，也活够了。"

叔叔连忙劝："你别总寻思了，寻思这些干啥。"

阿姨骤然爆发："我寻思怎么了？我连寻思都不能寻

思了？你就是这么对我的呗？我就问你怎么不能寻思？"

叔叔立即闭嘴，一个字都不还口，丝毫未觉被老婆当众埋怨失了面子。过后照旧任劳任怨，该热饭热饭，该叫护士叫护士，该听数落听数落。

后来叔叔特意提前一天出院，在院外的麻辣烫店里给阿姨直播选串，再赶着唯一能送东西的时间点拿给阿姨一饱口福。

还有一位刚确诊的阿姨，她住院的第一天情绪非常低落，一直躺在病床上发呆。第二天一早，她家叔叔软磨硬泡地把她赶到阳台上去散步，自己躲在屋里偷偷打起了电话。我怀着八卦之心支棱着耳朵听，原来是打给女儿的。他怕阿姨发现，压低声音说："你昨天晚上怎么不给你妈打个电话？写作业再忙，打个电话总有时间吧？待会儿赶紧打一个，好，挂了。"

中午时分，阿姨接到了女儿的慰问电话，心情立时舒缓了很多，还笑眯眯地对我说："女儿不放心，打电话来问我怎么样了。"我一边附和，一边偷眼看叔叔，他没事人一样在旁配合着点头，眼神呢，就停在阿姨微笑的脸上。

移植阿姨在我的故事里出现过好几次。我早在化疗时就碰见过她，维持治疗期间我们再次相遇。她之所以让我印象深刻，除了每次对话都颇为艰难，还因她家那位一直在病房门口守候的叔叔。

有一回我被安排与移植阿姨一同去做 B 超。做完检查，她让我先回病房，她要"和老伴儿在楼下走走"，原来叔叔早已埋伏在外了。但做 B 超的时间并不固定，有时上午有时下午，具体到几点几分更是无法确定，叔叔是怎么做到准时出现的呢？后来得知每次维持治疗，叔叔都是一大早就陪着阿姨来到医院，阿姨进病房，他在外面候着。从早等到晚，只为阿姨从病房出来做检查时能陪着走几步，或者一起吃口简单的饭。

两个人在家不也每天说话吗？这样隔着几道墙的陪伴有什么意义呢？起初我有些困惑。某次治疗间隙，移植阿姨走到病房门口的玻璃门那里挥挥手，用嘴型表达："你回去吧。"叔叔摇摇头，坚定如磐石地坐在那里。

也许这就是意义吧。只要你回头，我就永远在身后。陪着你，有你陪，足矣。

23. 梦里爸爸知多少

感染新冠病毒后我连续两次并发肺炎，折腾了快三个月才算彻底转阴，所以直到2023年5月，我的第六次维持治疗仍然迟迟不能落实。4月住院，主治医生看着我的肺部CT结果，摇摇头道："还是有点肺炎，佳罗华再等等，先吃口服药吧。"

这药吃起来颇有技巧，一周吃两次，吃两周停两周。对我而言，要记住哪天应该吃药，哪天应该休息，其难度不亚于应对江苏省数学高考卷。为了记住怎么吃药，我专门买了本小挂历挂在餐厅的玻璃墙上，在该吃药的日子郑重写上"吃药"，反之则写上"休息"。然而问题又来了，轮到吃药那天，睡前我瞪着一双无神的眼睛盯着日历发呆：

今天到底吃没吃过药呢？后来我改进了操作流程，在挂历上加了一支笔，吃完药后立刻画上一个大大的钩，代表任务完成。这么一来，好像在漫漫流逝的时间之河里成功刻下了一个个确凿的证据——那是我生活过、努力过的证据。

也是因为药物影响，吃药的那两周，日日头晕脑涨，白天黑夜皆困倦不已；待到不吃药的两周，则夜夜辗转反侧，难以入眠。上一轮休息周结束的那个晚上，我又盯着天花板躺到半夜，半梦半醒间身体似乎陷入一个虚空的大门，一点点沉落在黑暗的时间隧道里。朦胧中回到了童年，妈妈正躺在我左边，爸爸睡在一墙之隔的另一间卧室。我清楚地知道，这是家里那套50多平米的老房子，爸爸买给我的小刺猬正趁着夜色在阳台上打洞，企图逃走。月光从妈妈身后的窗户探进头来，与睡不着的我面面相觑。

翻个身，在睡眠与清醒最后的狭缝里，我不禁想，如果这才是真实，该有多好啊。一觉醒来，我会惊讶于昨夜梦境的冗长和枯燥：我怎么会梦见那样一个木讷平凡的中年女人，梦见那样一场浩浩荡荡的病，梦见那样一种最最瞧不上的无聊人生？最重要的是，我怎么会梦见爸爸竟然离开了我们的家，成了另一个家庭里另一个女孩子的爸爸呢？

早上醒来躺着不想起床，随手翻小红书，看见有个小姑娘发帖子，题目是"爸爸给前妻的儿子买房"。倏忽之间，惊觉原来我也是那个"前妻的孩子"。对于爸爸来说，如今的我或许只是他生命里曾经的一部分，属于过去，属于之前。而他的现在和未来，已经与我们从前的那个家毫无关联。

我生病这么长的时间里，爸爸的痕迹很淡。

确诊之初，妈妈告诉他我的病况，他们两个从南北两个方向横跨数千公里，聚在我如今的家中。然而爸爸太忙，他的工厂被新冠疫情影响，正在生死之间挣扎，如同查出癌症的我一样。三天之后，他飞回了北方那座城市去拯救他苦心经营的事业，只有妈妈继续陪伴我。

后来的化疗和维持治疗，爸爸再未出现，电话也就屈指可数的几次。我给他发消息，大部分时候他都不回复。我想他当然还是关心我的，卡肺住院那会儿，新冠高烧之后，他也打来电话询问我的情况。作为被生活压迫过的成年人，我能理解他的忙碌、他的压力，想必他现在实在难以喘息。可是爸爸，我很想你呀。

住院化疗时，老妈总是陪在我身边，有一回她不在，我跟同屋的河南阿姨闲聊。阿姨和叔叔也有个女儿，他们一边埋怨女儿不能陪护，一边夸奖女儿学习好、工作优秀。阿姨问起我时，鬼使神差地，我竟像个虚荣的小孩子般虚构了一个琐碎而完整的家庭：平日都是妈妈做家务，爸爸就是甩手掌柜，油瓶子倒了他都不扶；不过妈妈太唠叨，既唠叨我，又唠叨爸爸，我还是觉得跟爸爸更亲……

等我妈来了，阿姨当面问："听说你们家都是你干活，老公啥也不干？"我有种谎言被当众戳穿的惶恐，赶忙看向我妈。她愣了几秒，嘿嘿笑了两声，脸上有短促的尴尬，却并没反驳或追问。她懂得我小小的虚荣心吧。

每个女孩子都是爸爸的小公主。从前我最讨厌这句话，公主你个头啊！老子要当女王。可是女王大人患病后格外脆弱。两次化疗之间在家养病的日子里，我随手翻看朋友圈，看到老爸的朋友圈背景是妹妹的自拍照，她戴着大眼镜冲着对面的人傻笑。我一边在心里嫌她这张照片难看，一边毫无征兆地掉下眼泪。那一刻我在潜意识里已然明白，爸爸不仅早就成了妈妈的"前任"，对我而言也是如此吧。

但是小时候，爸爸对我很好。

那时爸爸喜欢打猎，常把我带着放在自行车的大杠上，背后背着他的猎枪。我们打斑鸠，也打野鸡。野兔则要等到夜里才出来，那会儿我必须上床睡觉，没法参加。不过打斑鸠和野鸡就很有趣了。爸爸教我用枪，不装子弹，在家练习瞄准。后来遇见那种用枪打气球的摊子，我总要去打上两把，每每都有收获。

念念不忘的是有一回我们在打猎的小岛上迷了路，我望着马上要沉到水面之下的太阳焦灼不已，生怕回不了家。爸爸笃定悠然地蹬着自行车，安慰我："这么小个岛，怎么会找不到路？别怕。"彼时岛上还未开发，坑洼的泥土中只有行人踩出的小径。整个小岛长满森森树木和茵茵绿草，动物们穿梭其中，隐没在树林深处，默默窥伺着贸然闯入的我和爸爸。很多年以后，我看了宫崎骏的动画片，片中神灵们居住的地方简直就与爸爸带我去过的小岛一模一样——树影婆娑，风吹过斜阳，洒下粼粼的光。

那天我们到底赶上了晚班轮渡，顺利渡河，回到了现实世界。可是现实里，爸爸和妈妈要分开。

起初，我并不真的理解"分开"的含义。爸爸从家里搬去了单位宿舍，小小一间房，没有厨房和卫生间。但是爸爸在那间房里规划了生活区和学习区，还在仅有的一张书桌里给我留下了一个小小的抽屉，跟我说："你可以把任何喜欢的东西放进去。"

于是我觉得爸爸妈妈分开也挺好，我有时在家里住，有时去爸爸的小房间里住。在爸爸那儿，我可以做所有妈妈不允许的事：用彩色水笔涂指甲，躺在床上看电视，在爸爸抽烟时凑过去吸一下，甚至逼着他替我写作业，又嫌弃他写连笔字会被老师发现。

最夸张的是，爸爸偷偷为我养了一只兔子，放在纸箱子里。晚上别人都下班回家了，我们就把走廊门关起来，放兔子出来跑步，我和兔子你追我赶，快乐得不得了。就连生日我都可以过两次，一次在家，让外公外婆和老妈操办；一次在爸爸的小房间，让爸爸买个大大的奶油蛋糕，请最好的同学一起来吃，吃到几个人都对奶油犯恶心。

然而爸爸要走了。他要回到爷爷奶奶所在的城市，离我们生活的南方小城很远很远。其间有过一系列的颠沛流离，相聚又分开。总之，爸爸真的走了，从我的生活里消失了。

说消失也不准确，放暑假时，我偶尔会去爸爸所在的城市小住玩耍。当时爸爸已有了新的家庭，后来又有了妹妹，我开始像客人一样出现在他身边，礼貌又有些拘谨。妹妹读小学那会儿，我已是高中生了。又是一年暑假，我去爸爸家里玩，爸爸开车带我们去动物园。妹妹感慨："姐姐，托你的福，平时爸爸从不带我出来玩，天天忙工作。"

小姑娘，你还不明白，如果可以选择，我也想要一个从来不带我玩、天天忙工作的爸爸。只要他存在于我生活的地方，我能在卫生间看见他的牙刷，晚上听见他巨大的呼噜，妈妈揍我时他要么拉架要么火上浇油……哪怕他什么也不做，都好。

可是漫漫时间啊，它从来不回头。

爸爸供我读书，又供妹妹留学，辛苦操持了几十年，如今他大约是太累了，总是想不起来给我打电话。而我也不知是较着什么劲，端着什么样的病人式自尊心，更不愿主动打给他。或许内心深处，我还想做那个恃宠而骄的小女孩儿，被关心被宠爱。所有被禁止的事情在爸爸那里都不成立，他只要我开心，开心就好。

所以，爸爸，你什么时候会给我打个电话呢？如果我接起来了，你一定要多说一点，别急着挂断。假如我沉默，绝不是不想理你，而是在找下一个话题，能让我们的通话持续得久一点。有时看着我的黑心棉小棉袄骑在她爸爸脖子上作威作福，我会忍不住有些羡慕，毕竟我也曾经这样幸福呀。

漫漫时间，就这样从指缝中溜走。孩子们在长大，爸爸老了，我呢，变成了人到中年的女病人。老妈总是说，人生会遇见各种事情，好的坏的，谁也逃不掉。我已经遇见了那么多悲伤的事情，是不是未来就该遇见更多快乐的事情呢？妈妈还说，爸爸是爱我的，一直爱我。我相信。

如今我挺过了近一年的化疗，挺过了快两年的维持治疗，熬过了惊心动魄的POD24。希望未来的日子，病痛不再来，亲人都安好。

　　还有啊，爸爸，我真的很想你。

24. 乘风破浪的保险阿姨

小时候我最喜欢的漫画是《丁丁历险记》，那里面除了机智的丁丁、耳背的向日葵教授、满嘴粗话却忠诚勇敢的阿道克船长，还有一位不太起眼但每次出现都能令人捧腹大笑的角色——保险推销员赖皮翁先生。赖皮翁先生永远随身携带保险单，能为偶然遇见的每一个人提供"最合适"的保险方案。除了误以为"米兰夜莺"买了别家的保险之外，他似乎从来没有忧伤或气愤的表情，总是满脸喜气，仿佛卖保险是世界上最开心最幸运的事。

对我来说，生病期间最幸运的事，大约就是几年前我不顾老魏天天在我耳边叽歪"保险都是骗人的"，坚持买了重疾险和医疗险。于是 2021 年确诊淋巴瘤时，至少没有特别大的经济压力。此前合作公司里有一位比我还年轻几岁的小伙子突然罹患脑瘤，不得不在"水滴筹"筹集治疗费用，我还给他捐过款呢。

能在生病时专心治病，不必为钱四下奔走，这首先得归功于没有理会傻瓜老魏的我自己，此外也要归功于卖保险给我的阿姨，简称保险阿姨。保险阿姨是我妈以前的同事，曾是外科护士，也有着外科护士惯常的泼辣大胆。她个子挺高，黑黑壮壮，男款短发，一开口底气十足，跟任何人都能做到一见即熟。去客户家拜访，快到饭点时主人往往客气一句："都这个点了，吃了饭再走吧。"言下之意是："都这个点了，该走了吧。"常人听了定会起身告辞。但保险阿姨绝非常人，她会回答："行啊，好啊！"颇有几分赖皮翁先生既来之则安之的坦然精神。

我妈曾因这种假客气，不得不留保险阿姨吃过一次饭，所以后来无论聊到几点，我妈都坚决不说"吃了饭再走吧"之类的客套话。甚至每每保险阿姨打来电话："你在家吗？"我妈也连忙躲到远离窗户的位置，尽量淡定地扯谎："我没在呀，在外面呢。"

当然，这是现在。早年我刚想买保险时，我妈完全没有这么多小心眼子。那时我在好几家保险公司之间犹豫不决，但保险阿姨凭借三寸不烂之舌和充满热情的狂轰滥炸率先拿下我妈，又敦促我妈迅速拿下了我。我懒得天天在电话里跟我妈解释各家保险的详细条款，或者回答她诸如此类的质问："人家又不是想挣你钱，都是为了你好，为了你有个保障，你还在犹豫什么？"微信里动辄成片的小红点、几十秒的语音轰炸让我疲惫不堪，干脆在保险阿姨这里出钱了事。

这事还让我深深得罪了好朋友小豆子。那会儿她刚好投身一家保险公司成了保险经纪人，本来我考虑过在她那里买保险，但姜还是老的辣，在两个中老年妇女面前，我哪有反抗的力气呢？

买过保险的人都知道，保险公司常给客户送礼物，保险阿姨也给我送过两次。一次是刚买保险不久，她给我邮寄了一尊金光灿灿的狗生肖摆件：一只金色的小狗卧在一块红丝绒上，外面罩着个透明塑料盒，无论摆在哪里都能一秒穿越至《乡村爱情故事》的现场。最重要的是，为什么要送只狗呢？我并不属狗啊。

她专程打来电话问我："旺财收到了吗？喜欢吧？"

"喜欢……谢谢阿姨……"

我琢磨了半天，让老魏各种验证，总感觉至少得是个镀金的，要不太对不起这红丝绒盒子。

老魏看了半天说："这好像叫沙金。"

"沙金是黄金吗？"

"最多算远房亲戚……"

第二次，保险阿姨送给我的礼物就实惠很多了。

那是国庆假期，我回老家休假，正值家乡的大闸蟹上市，保险阿姨开车到我家楼下送来一箱螃蟹，让我带回北京，另外拿出两只说是"晚上蒸了吃"。我这人反应慢，拿了螃蟹也不知回家，还站在原地发呆傻笑，阿姨见状又摸出两只递过来。我笨手笨脚地整理了半天，考虑怎么才能一次性把这些螃蟹都搬回家。大约我伫立车前时间太长，阿姨以为我尚嫌不足，咬咬牙跺跺脚，再从车里掏了两只螃蟹，情真意切地跟我说："真不能再给你了，我还得给别的客户送呢。"

早知道我再多站一会儿就好了。不过螃蟹不能白拿，保险阿姨让我举着螃蟹箱子拍了张照，估计要发朋友圈聊聊今日给客户送礼的事情。我低头看看自己一身睡衣睡裤脸没洗头没梳，颇不想拍，可架不住已经多拿了人家六只螃蟹，此刻再拒绝显得太不够意思，就举着螃蟹配合地摆出一张傻笑脸。阿姨拍完后举起手机给我看，只见我亮蓝色的大花睡裤不出意外地抢镜，牙花子白晃晃地闪耀在屏幕上。我抽抽嘴角，怎么说呢，反正婚也结了，娃也生了，就这么地吧……

总之，在我买了保险还没出险的三年里，保险阿姨虽然也时常抓紧我回老家的每一分每一秒继续向我推销与孩子、老公有关的品类丰富的险种，可态度始终比较克制。然而在我出险之后，她的推销力度猛地上了一个新台阶。

第七次入院化疗时，大清早我正一个人凄凄惶惶地等在住院部门口听从召唤，保险阿姨骤然打来电话，让我把重疾险理赔的钱存进他们公司的某个险种。我表示先不着急，治疗还要用钱。

她语重心长地跟我说："孩子啊，你这种情况，你老公以后肯定要再婚的。"

我当场一蒙，无言以对。

她继续道："你想，以后你没了，你老公又结婚了，钱不都被别人拿去了？你现在就应该为你的孩子打算，把钱都留给孩子。你把钱放进你妈开在我们公司的理财账户（是的，我妈早已沦陷，但没过几天她又把钱取出来花掉了，只有账户还在），以后这钱让你妈都给孩子。"

"我……"

她见我还支支吾吾，简直恨铁不成钢："你现在要多为孩子想想啊，像你这种情况，你老公还年轻，将来要再婚的呀！我是教你，懂吧？你没有人生经验，阿姨现在教你，懂啊？"

我那个心情啊，完全无法用语言形容，只能回答："谢谢阿姨……"

出院后我特意查了一下她推荐的这款理财险，它的基础逻辑是随着时间线的延长，以复利滚存为升值手段，待投保人（我已经没资格买了，只能把钱存进我妈的账户，所以投保人得是我妈）身故或全残之后，受益人（我闺女）

可以得到比定期存款或银行理财更高的收益。由此可见，保险阿姨对于我能康复一事，着实没抱太大信心。

2021年年末，我妈离京回老家，因新冠疫情不断始终没能与保险阿姨见面。转过年来春暖花开，疫情暂歇，某日晚饭后保险阿姨兴致勃勃约我妈下楼散步，我妈欣然赴约。结果没聊几句，阿姨再次向我妈重述了同样的意思，表达了对我身后事的无限关怀，以及不能让老魏把钱拿走，还是要早早存入我妈的保险理财账户的战略统筹规划。

我妈："我还是先回家了。"

保险阿姨："哎，你别走，上次说要给我们公司送锦旗的嘛。"

我确诊后没多久，保险公司及时给付了理赔金，接着我就马不停蹄地进入化疗阶段。忙乱之际，保险阿姨首次表示了让我们送个锦旗表达感谢的意思，奈何当时实在没有精力和心情，我便回复她："结疗后一定送。"此事充分说明，随口应付要不得。对别人的付出要知道感恩，你不感恩，也会有人按着你一遍遍提醒："要感恩哦！"

我妈一张嘴张成 O 形，估计她早忘了当初承诺过的锦旗，很诧异地问："为啥要给你送锦旗？"

保险阿姨不高兴了："给你们赔了那么多钱，不应该感谢公司吗？"

"但是我们出了保费买了保险呀！这不跟买东西一样，一个买一个卖，有什么可感谢的？"

保险阿姨脸色一沉："你们要知道感恩！公司帮了你们多大的忙啊！"

虽然有买有卖本身是很正常的商业行为，可是保险这么深奥的事情谁能说得清呢？我妈多少还是有些动摇了："好嘛，那给你订个锦旗，上面写啥？你告诉我，我订好了给你快递过去。"

"你自己送来，再上台拍照。"保险阿姨是个有原则的人。

我妈一向清高，别说登台献锦旗了，就连表扬都很少说得出口。"不可能！"她当即拒绝。

你以为保险阿姨因此生气了吗？太天真了。保险人眼里只有客户，只有保单，没有"生气"二字。虽然我妈严重顶撞了她，但阿姨并未放弃我们这不上道的一家人，尤其是只在她那里买了便宜的医疗险而没买重疾险的老魏和只买了小额重疾险的我娃。她先从老魏那里入手，奈何老魏脸皮厚心肠硬，跟她又没有前期交往，基本能做到全面装死，不答话不理人。她转而做我的工作，时不时跟我念叨"你老公年纪大了，得赶紧买，再不买就来不及了"之类，口气比我妈还我妈。

眼见我也久攻不下，保险阿姨再次回到我妈那里。经历了这么一大圈，我妈已不复当初那般单纯，她选择保持中立："孩子们的事情我都不管了，你也不要再提，他们愿意怎么样就怎么样。"

保险阿姨会就此放弃吗？我猜不会。她曾在微信朋友圈里向公司领导表白，大意是："领导放心，我生是公司的人，死是公司的鬼……"无聊时翻看到这条，我无端手抖了半天，差点把手机摔掉，缓过神来又为阿姨的领导担心，也不知夜深人静之际他会不会觉得身后发冷，一阵恶寒……

总之，"执着"必定是保险阿姨性格里最耀眼的一个词。她多年前也曾患癌，治愈后进了保险公司，一干十数年，年龄虽长，业绩却极好。癌症的治疗绝不轻松，她不仅坚持下来，还开创了一片事业的新天地，不执着的人绝对做不到。

化疗后的某天，我身体不适，没精打采。为了逗我开心，我妈现场表演了一段当年她和保险阿姨在篮球场上激战的大戏。只见她半蹲着身子，双目圆睁，喘着粗气单手猛攻，一边解说道："我就像这样防，喏，她就这样抢，可凶啦，一下把球从我手里抢去了！"

"然后呢？"我忍不住追问。

"我就生气了呀！"我妈白眼一翻，"不打了！走了！她也急了，追着我骂，我俩又吵了一架。"

看来保险阿姨不光执着，也泼辣得紧。写到这里忽然想提醒我妈，锦旗还是要抓紧送。

不过呢，换个角度看，在我脆弱崩溃无助的那段时间里，保险阿姨用她的生机勃勃现身说法，给我树立了一个抗癌女斗士的光辉榜样。这么说绝无他意，就是字面意思，她能拿出那么多的力气、耐心、坚韧和勇气，坚定不移地向着自己的目标前进，哪里像个癌症患者呢？也正因她的执着，我才能及时买下保险，不必在患病后为钱思虑太多。

我真诚地感谢她，谢谢她一往无前的督促和照顾。如果我能幸运康复，也要像她那样活出肆无忌惮、横扫天下的气势来。所以，她推荐的那个要待我身故以后才能受益的保险，还是不买了吧。

25. 李总就再说一句

　　生病之后多出来大把时间，闲来无事时我把周围的朋友、同事挨个默念一遍，聊以打发漫漫长日。第一个跃入脑海的就是李总，掐指一算，我们认识八年有余了。李总虽是60年代生人，可看上去相当年轻，因为人瘦，穿衣又时髦大胆，背影望去完全是小姑娘模样。

　　初次相见是我生完娃重返职场，经好友小豆介绍来到李总的公司面试。那是2014年9月，李总穿着粉色香奈儿格纹套装，扎着一根马尾辫。但她似乎不怎么会梳头发，半长不短的刘海既不能稳稳当当盖在额前，又未被妥帖收拢回发辫之中，只能在头顶近脑门处任性地飘摇，一会儿立起来像个粗粗直直的"1"，一会儿躺下去像个半梦半醒的"L"。

李总的面试也与众不同，既不问我之前的工作经验，也不看我的文章作品。她只是一直不停地说，说她的公司、她的理想、她以往的工作，说她想要做的项目的背景概况、盈利方式、推进程度……两个多小时的面试，我基本只需要微笑着应和，适时发出"啊！""对！""是"就足够了。这也导致面试的后半程我不禁有点走神，注意力更多集中在她那飘来荡去的刘海上，同时心生恍惚：这是面试我还是面试她呢？

后来我顺利进了公司，和新同事聊起面试，才知道原来每个人进公司的过程都差不多。李总不是靠面试了解人，而是靠工作成果。在我试用期刚结束那阵，因着一份还算出色的策划案，她给我连涨两级工资，将我擢升为公司最高薪的员工。从这一点来说，李总比大多数老板强得多，也聪明得多。她不以短暂的聊天或过往的成绩定义人，她愿意付出成本，提供机会，让你凭本事获取合理的收入。

李总从一流大学毕业，聪明、果决，赚钱对她不是难事。她几乎没有坐在办公室里朝九晚五的经历，一辈子活得随心所欲、自由自在，这也成就了我们公司的管理风格——上下班不用打卡，有事请假不扣工资。有同事因手术请了大半个月的假，照旧发全薪。有一年北京开 APEC 会议，各种交通管控，李总挥了挥手说："都在家待着吧，有事儿咱们电话联系。"于是我们整月在家办公，薪水分文不少。放眼全北京，怕是找不到第二家这样豪气的公司了。

李总一直单身，因此没有被琐碎的柴米油盐熬成憔悴的中年人。她向我们展示过同学聚会的照片，她绝对是其中最年轻貌美的那一位（必定也是这个原因，她才积极地把照片拿出来）。有几年，李总心血来潮在公司边上的健身房办了卡。某次健身回来，她忙不迭地让我们帮忙在网上买双健身手套："今天有人问我为啥不戴手套，说女孩子的手可要好好保护。"

虽然爱美，还有点少女心，李总却从不化妆（因为不会），只是酷爱买衣服，且常在不同颜色之间纠结，后来她找到一个解决方法——同一款式的各种颜色都买一件！但衣橱是有限的，所以她隔段时间就会把还很新的美貌衣服拿到公司来送给我们。每逢此时都像个赶集日，女员工们聚集到她的办公室，大沙发上铺满衣服，大家各种翻找，进卫生间试穿，然后扭捏作态地飘出来相互评鉴。有时两个人看上同一件衣服，于是彼此诋毁，争相抢夺。有时某件衣服没人想要，于是各自推崇："哎呀，你穿这个太漂亮了，你拿走吧！""不不，还是更适合你，你拿去你拿去。"一番钩心斗角、唇枪舌剑之后，最终尘埃落定，一人捧上一大摞，大包小包运回家。

有一回公司聚餐，我和同事 X 都穿了李总给的丝绒西装套装，一个深蓝，一个深紫。同事 Z 面色复杂地观赏了许久，感慨道："你们两个刚才一起走过来，我以为上菜了呢！"李总的衣服大部分是大牌好货，我挑到过最喜欢的是一条普拉达的立领连衣裙和两件普拉达经典款风衣。虽然由于李总比我矮了五厘米且瘦了五六斤，导致风衣在我身上有些紧巴——总觉有人掐着我的肩膀，可我还是很愿意在家长会等正式场合把这几件行头穿出来，很登样哩。

若论并肩工作那些年里李总让人最难忘的行为，必然要数对聊天的热爱。

那时候，我们最烦恼的就是和李总一块儿吃午饭。她会孜孜不倦地把话题引向某个正在或将要进行的项目上，一顿饭往往变成了一场临时会议。吃饱了容易犯困，常常有人在这种"会议"上哈欠连连，被她发现自然少不了几句数落。后来大家学乖了，想打哈欠也尽力忍住，只张鼻孔不张嘴。此招虽有用，却也存在漏洞，就是避免不了的眼泪横流。结果场面就变成了李总一个人说得口沫横飞、兴高采烈，旁边一片人双唇紧闭、眼泪汪汪。

除了午饭，李总下班时也总是一波三折。待她穿戴齐整，一边交代工作一边走向公司大门，我们一个个迅速正襟危坐，貌似严肃认真，其实眼角都斜在她那只就要摸到门把手的手上；眼看革命即将成功，她忽又开启新话题，重新走回我们的工位发挥口才；好不容易她转身了，我们内心欢欣鼓舞，只等她开门走人，她却再次折返……最多的一次，她来回走了五趟，说了差不多一个小时才离开公司。当她第三次返身时，我实在憋不住笑意，只好假装系鞋带，弯腰躲在桌子底下笑了个够。

最厉害的一次，李总把小豆和另一个同事叫进她的办公室开会。那两人以为是短会，选择站着听，可能也想以此提示李总快点结束。奈何李总聊得兴起，两个人也就越站越久。

过了一小时左右，李总慌慌张张跑出来叫人："豆晕倒了，快来扶一下啊！"

同事们连忙把小豆扶至沙发上安坐。

李总焦急地问："你怎么样啊？"

小豆虚弱地客气道："没事儿……"

李总点点头："那我就再说一句……"

2020 年初始，因为新冠疫情，我们改为在家办公。后来疫情慢慢好转，但公司业务每况愈下，李总便决定将办公室退租，让硕果仅存的三个员工(我、W、X)都在家办公，薪水也直接减半。那时我还在为收入骤降担忧，给朋友公司做了点兼职，希望维持住原来的生活水平。哪知缩水的生活也不过维持了一年，2021 年春节前，我确诊了淋巴瘤。

今日回望，2019 年年底，放假前的最后一个工作日变得格外具有深意。那天我从位于国贸附近的公司下班，步行到建国门地铁站，人行道旁的绿化带上布置着蝴蝶形状的装饰彩灯……谁也不会料到生活即将发生巨大的改变，一场浩劫无人幸免。那天仿佛是个浓墨重彩的转折点，从那以后生活开始了另一番模样。那以前的日子虽有烦恼，却还可以积极加班、自由旅行、出门吃饭、和朋友聚会、带孩子上课……那以后的日子几乎只剩下了家和医院，以及楼下院子里的那条跑道。

我生病这事原本没打算告诉李总，但有时八卦是生活里的必需品。做保险代理人的小豆是我生病后第一个联系的朋友，因为有些保险问题要咨询她。我请她先别告诉旁人我生病了。也许应了那句老话，想要快速传播一条消息，只要告诉一个人并叮嘱其保密。没过多久，所有认识我（哪怕不太熟）的人，都从小豆那里得知了我患癌这一实时资讯。

李总当然也在其内。那时公司只剩下我和 X 两个人了。李总第一时间致电 X，表达了对我有可能无法继续完成工作的担心，希望 X 把我手里的工作接过去。X 告诉我此事，建议我赶紧表现一下自己的身残志坚。彼时赚钱对我极其重要，我立马跟李总积极沟通业务，并且与客户通话、约见，很幸运地追讨回一笔大额外债。

后来直到化疗快结束，我才找了个机会，在电话里亲口告诉李总我生病的事。她用有点生硬的惊讶语气提问："什么时候的事？你怎么不早说呀？"我憋着嗓子假装沉静："不想给您添麻烦呀！"

非常感谢李总，也感谢 X 和小豆。李总胆子不大，她犹豫过，怕我的病耽误工作，但她更是个心地柔软的人，所以给了我继续工作的机会，并且在公司业务彻底完结后还给我续交了好几个月的社保，直到我顺利找到下一份可以居家办公的工作。

如今，李总不再是我的老板，却仍是可亲的长辈、朋友，甚至是某种意义上的亲人。她不再经营公司，但对世界的关心和善意始终未变。我维持治疗、居家办公那段时间，李总的身体也不太好，在家休养居多。但她居家是心怀天下那种，时常打电话或发微信与我讨论疫情发展、国际局势。她会认认真真地研究各地的病例，试图找到其中蹊跷，还会一本正经地在电话里问我："你支持俄罗斯还是乌克兰？"我呢，发给她的信息往往是："李总，您看我养的鱼……"从中我也明白了她能当老板挣大钱，而我注定是个穷打工人的底层原因。

李总还是个心思单纯且心胸开阔的人，平日既没有老板架子，也没有长辈人设。

我这个人有时候很没眼力见儿，说好听叫"做真实自我"，说难听叫"缺心眼子"。有一次我跟李总一同去见客户。客户请吃饭，点单时李总小声问我："咱俩要一碗饭就够了吧？"

我紧盯着烧牛肉、椒麻鸡等一堆硬菜，大声武气地说出心中想法："不要，我才不跟你分，我自己得吃一碗。"

话一出口，四座陡然安静。我心底一慌：亲娘咧，影响仕途啊！好在李总哈哈笑起来，完全没当回事。可惜这顿饭吃得我心里各种翻腾，最后也没把一碗米饭吃干净，万分后悔啊。

还有一回，我们几个连带李总，午饭后例行去楼下花园散步。我闲着没事，偷偷摘了一颗不知名的小红果塞进嘴里，又酸又涩。为了拉她们下水，我故意装作果子分外甜美好吃的样子。别人都不信，只有李总信了，也跟着我摘了两颗仔细品尝。看她被苦得皱眉斜眼，我忍不住哈哈大笑，笑到一半才发现别人都用那种"你个白痴，还傻笑呢"的眼神看着我，瞬间慌乱了——我是不是又干了件蠢事啊！李总"呸呸"几口吐掉了嘴里的红果子，感慨一声："太苦啦。"此事她没再提过，也并未影响我的加薪成长之路。

近八年光阴，类似的事数不胜数。我们共同工作、生活、玩耍的那些日子，或许没那么时髦、高端，也不能为简历增色，但应该十分坦诚、轻松和愉快吧。李总建立了这家公司，也给予了我们简单而真挚的理解与温情。

就用李总最爱说的"那我就再说一句"来结尾吧，下篇再见啦。

26. 魔菇爱打伞

　　刚确诊那会儿，我好不容易接受自己得了癌症这个事实，心里长荒草似的乱成一团。我妈脸上还算淡定，只是电话不断，四处跟医生朋友们讨主意（恐怕除了肛肠科，哪个科室都被她骚扰过了）。大家都说重疾不能视若等闲，得拿出十二分精力应对。我妈据此总结出一条道理，只在一家医院看一个医生是不够的，必须多找几个专家寻求更多建议才稳妥。

　　恰好我的朋友魔菇是社交达人，我便拜托她帮忙找到一位淋巴瘤领域的专家。可惜约定时间出了差错，第一回扑空，第二回约上，我已被另一家医院收治，没法去看诊。我跟魔菇说要不算了，她想了想说："没事儿，咱有办法。"

那时我刚刚和魔菇以及另外两个小伙伴一起合作了几个项目，魔菇首先便派出第一员大将阿鱼拿着我的病历去专家那里排队。没料到专家太火爆，候诊的队伍从早上一直排到下午2点多，阿鱼得赶回去接孩子，又叫来另一位小伙伴阿重。阿重不负其名，接棒后稳如泰山地守在诊室门口，生生熬到下午5点，终于面见医生，拿到了宝贵的诊断书。

那天晚上，我坐在病床上，我妈守在床边，头碰头看着手机里阿重发来的诊断书。我妈感慨："你这些朋友真够意思。"生病后我总觉得自己异常不幸，简直是方圆十里内最最不幸第一人，可是朋友们的关怀和帮助又让我觉得，或许长久以来还是有些幸运在悄悄眷顾我吧。

我认识魔菇快20年了。那时我还年轻，爱写点酸不溜丢的青春文学，一心想成为杂志编辑却又没有文学专业背景，好容易辗转找到一家旅游杂志，面试我的人正是魔菇。既无背景也无经验，我难免自卑，面试前狠狠背过几篇职场鸡汤文，告诫自己不要总低着头一副小家子气，务必寻找对方的眼睛，接住对方的视线，以充分显露自信心和意志力。奈何实践中发现魔菇似乎只用左眼看我，右眼视线却擦过我的肩膀遥遥飞向远方，我一时不知该朝哪边显露自信心和意志力，心慌意乱间几乎成了结巴。

幸运的是，我最终得到了那份工作。熟悉之后才知道，原来魔菇有只眼睛天生斜视，不过这无损她的自信。

魔菇是典型 E 人，兼有大姐风范，每逢周末便呼朋唤友聚会玩耍。她是手脚麻利的四川妹子，嫁了云南老公，手艺融合了我国西南一带的饮食精髓。有年夏天，她张罗着要搞一场家宴，让我们分别报菜名。我正思念家乡夜市热卖的炒田螺，当时网购还不发达，魔菇遍寻田螺不得，最后在高级超市买到法国大蜗牛，用炒田螺的方法烹制，鲜香麻辣，上桌引起一片惊呼。她手艺好，也不惮于展示。编辑部的姑娘们一同去金山岭爬长城，晚上住在山脚的农家院里，大家嫌老板做饭难吃，魔菇便挺身而出做了一大盆麻婆豆腐，还不忘给老板家端去一盘。

不过她也有自信过头的时候。爬长城烽火台时，有个小姑娘从一米多高的地方跳下去没站稳，魔菇当仁不让站出来说："你跳得不行，看我的，得这么跳！"说罢就自鸣得意跳了下去，结果摔得手心和膝盖都破了，比人家更惨。她还爱爬树，和我们的朋友小高高一起逢树便上，可惜后来发胖了，她满心遗憾："胖了嘛，上面的树枝子太细，撑不住我。"

魔菇的自信是全方位的。那会儿年轻嘛，都是 20 多岁的青春美少女，两个人常结伴在公司附近的美发厅做头发。理发师次次劝我们办卡，我因为穷向来不为所动。魔菇在花钱方面比我大方，毫不犹豫办了张 2000 块的储值卡，但刚去没两次，再路过时美发厅已然变成一间空屋。魔菇又震惊又气愤，在门口徘徊良久，我从旁出了一堆乱七八糟的主意，但除了增添她的懊恼似乎再无他用。可惜她并未从这次事件中吸取教训。过了些日子，推销蚕丝被的溜进办公室，她再次不假思索地掏钱购买。我试图劝阻，可她对自己的判断力很有信心："真的挺不错哩！"那被子的后续我没了印象，只记得不久以后她又非常自信地办了一张瑜伽工作室的充值卡。

不过，最让我难忘的还要数魔菇勇救落水同事及其包包的事迹。那是 20 年前的一个秋天，编辑部的几个女孩儿随车队越野，车子不慎滑进河里。将沉未沉之际，慌了神的车主兼司机小哥率先下车，留下一句"我会回来救你们的"，便随手摔上了车门。车身一抖，迅速下沉，眼看就要没顶。当时魔菇坐在副驾，后座是两个女同事，因为有风，她们俩关了两侧的后窗；也因为有风，魔菇嘚瑟着打开了副驾的窗户，这半扇为显摆而打开的窗户成了唯一的出口。魔菇让后座两人先从窗户爬出去，勇敢善后的她临走时扫了眼后座，迅速捞起三个人的挎包，又牢牢抓住漂在水面上的一盘炸鸡翅——那是她在家提前炸好装盘的，还摆成了一朵花的样子哩！

"珊珊也胖嘛，比我还胖！"事后她手舞足蹈地描述，右眼几乎斜到后脑勺，"我费了好大力才把她推出去，她出去时车子又一抖，水都盖住我嘴巴了，"她仰起脸形容，"只能这样喘气。"

"你胆子怎么这么大哦！"我震惊了。

"我这人一向冷静，再说时间还来得及。"她摆出云淡风轻的表情。

"你咋知道来得及？"

"我看嘛，至少还要两分钟车才会彻底沉下去。"她点点头，对自己的判断充满自信。

事发时，我们的一位摄影同事已成功渡河，站在对岸拍下了全程。这个故事还曾登上某著名时尚杂志，上面有魔菇挽着一堆包包、托着一盘鸡翅在河里奋力游泳的英姿。

那几年堪称我们职场岁月里最快乐的时光，不用坐班，也无须承担绩效压力。处在黄金年代的杂志行业风生水起，年轻的我们没有婚姻和孩子拖累，人生单纯，仿佛只要享受愉快的旅行、喜欢的工作和甜蜜的恋爱就好。后来大家各奔东西，直到2008年我和魔菇在另一家杂志社重聚，她已成了孩子妈妈，拥有一个可爱聪明的儿子。

再相逢，魔菇依然热爱做饭和聚会，只不过当时编辑部人少，去她家吃饭的常常只有我和老魏。彼时我还没孩子，对逗弄魔菇两岁左右的儿子很有兴趣。有一回小朋友正在吃豆子，我问他要，他不肯给。我并不气馁，陪他玩了一会儿，再和他商量："都是老朋友了，给我吃点嘛。"孩子犹豫几秒，从嘴里抠出一颗豆，拉着长长的口水丝递过来，小小的眉毛坚毅地拧在一起，显露着大大的决心——他和魔菇很像，对朋友有着超乎寻常的信赖和不计回报的付出，宛如一朵开了伞的小小蘑菇，谁都可以钻进去躲避风雨。

最终我没吃下那颗沾满口水的友情之豆。为逃避孩子热烈期盼的眼神，我躲进厨房假装给魔菇帮忙，顺便偷吃她刚刚煎好放在一边的小饼子。玉米饼熟得恰到好处，酥脆金黄，还有淡淡甜味。我尝了一个没够，又抓起一个塞进嘴里。"哎，那是给孩子吃的，你吃别的嘛。"魔菇提醒我。"没事儿！"我厚着脸皮摇头，"他连进嘴的豆子都舍得分给我呢。"

魔菇做饭时最喜欢有人在旁陪聊。她干活麻利，一个人整饬一大桌饭菜要不了多少工夫，旁人想帮忙也很难插手。可她不爱安静做饭，必得有个人倚在厨房门边跟她聊天，仿佛她身体里有台小马达，全凭聊天产生能量，但凡有人陪聊，她就能乐此不疲地劳动下去。她早上起得晚，往往省略早饭，我们中午点工作餐时，她已饿得恨不能吃掉手机屏幕，但只要随便开启一个话题，她必得端正按下筷子，完完整整激情四溢地把已经开头的故事讲述完毕才能继续吃饭。我笑她，相较于饥饿，聊天才是更迫切的生理需求。

在新的杂志社我们认识了高高，她是首席财务，温和高挑，笑起来一双弯弯眼。高高最得意的是她拥有一双修长纤瘦的腿，最恼恨的则是自己平胸。那时爱偷懒，只要领导不注意，我和高高总偷偷溜到楼下闲聊透气。有一次她说起和老公恋爱时，老公傻兮兮地告诉她："我朋友说你是木板上按图钉。"这个笑话致使我后来听不得图钉二字，一旦听见便会想起高高。

高高老家位于京郊某个山清水秀的小村庄，节假日我们时常在她家相聚，摸鱼抓虾或是爬山看景。夏天我们挖野菜、采蘑菇，秋天摘酸枣、捡栗子。高高是摘酸枣的好手，能顺利避开酸枣树上的尖刺，边走边采满一兜野酸枣，一会儿给这个递一把，一会儿给那个递一把。采蘑菇则是魔菇和高高都热爱的活动，她们两个同为菌类专家，常为某种蘑菇的确切名称和毒性大小争执。起先我认为魔菇是云南媳妇，想必错不了，转念又觉高高是当地土著，恐怕更靠得住。后来就摆烂了，随便她们去争，我只负责吃。刚采的蘑菇得尽快分类处理，把能吃的拣出来晒干保存。

如果想吃新鲜的，就得撕去蘑菇表皮，开水焯烫，然后炒肉——我有幸吃过一次，鲜嫩无比。不过对于要不要撕皮再焯烫，魔菇和高高的意见也不统一，我最终偷偷听取了高高的意见，毕竟她两只眼睛都盯着我，看起来更可信哩。

生病那几年，我出门玩耍的机会少得多了。魔菇独自去找高高，两个人站在山巅水畔，拍下了不少美丽照片，还朝我显摆："看看，漂亮吧？等你好了同去。"好容易熬到治疗结束，我拖家带口去乡间投奔她们。高高备了许多羊肉，魔菇买了好多海鲜，我们一起烧烤，孩子们快乐玩耍，星星在头顶闪烁。傍晚时分站在山顶看日落，太阳耍赖不肯走，连拖带拽撒泼打滚，大概是蹭破了皮，把天际线染成一片猩红。脚下湖水澄澈，那红色被复制成两份，泼天盖地而来，眼睛不够用，只能半张着嘴，感慨人间如此美丽。她们两个还嫌不够，一步步移到山下，挤在一块凸出水面的岩石上。我也想下去，走了两步发现路陡难行，还是作罢，唯有羡慕她俩。从我的视角望去，她们的背影被夕阳抹去了身份、性别与年龄，迎着远山碧水，几可入画。

天黑透了，我们吃得太撑，一同绕着村子散步消食，无意发现手电照出一圈圆圆的光影，投在生锈的铁门上，把人框在中间，犹如残破月亮上美丽的仙子。于是两个女人走不动了，停住脚步摆出各种造型拍照。我顶着化纤假发，被手电一照，反光反得像探照灯，只好沦为灯光师，站在一旁给她俩举手电。可我心里依旧欢喜，那些单调又寂寞的住院时光像月光下的清霾一样，很容易就被她们的欢笑驱散了。有朋友真好啊，她们保护我免受孤独恐惧。

可是没几天，她们两个又背着我偷偷出去玩。两个女人夜里逛田埂，遇见一只诡异的小猫。

"紧紧跟着我们，叫得特别难听。"

"难道是……那个？"我不争气地被深深吸引。

她们高深莫测地点头。

"谁叫你们不带我，活该……"我嘴硬道。心里却向往着那个场景，田埂远处是连绵的山峦，月光冷冷洒下来，一只小狸花猫怪叫着跟在脚边……只是想着，都能感到凉凉的风吹在皮肤上引起的串串鸡皮。

最近一次三人共聚是大半年前，高高带着葡萄酒，我带着鲜花，在魔菇的工作室兼起居室碰头。高高爱上了健身，她骄傲地让我们轮流摸她胳膊上结实的肱二头肌，还给我发了些臀部锻炼的视频。可惜我太懒惰，练习了几次就抛诸脑后，以致现在仍旧是一坨扁屁股。

那天魔菇炒了几个家常菜，一如既往地量大好吃，我们从白天聊到夜晚。房间里朝东的那扇小窗没挂窗帘，华灯初上，道路两旁的路灯开出一路繁花似锦，将窗户变成一幅亮闪闪的墙壁挂画。要散席的时候，高高突然掏出手机，得意扬扬地亮出一张 2008 年拍摄的照片，里面三个姑娘围着一张办公桌，冲着镜头傻笑，都有着毫无瑕疵的皮肤和明亮柔顺的头发，与如今倒映在窗户上的人影无论如何也难以重叠。我们一天天变老，失去了青春、美貌甚至健康，可也得到很多，我们是彼此生命里的见证，让过去不至于完全无迹可寻。

魔菇说最初将我生病的消息转告高高时，"她在电话里就哭了"。这个场景明明没有亲眼所见，却扎根于我的脑海：电话一端是胖胖的忧伤的魔菇；另一端是穿着裙子露出美丽小腿的高高，她脸上挂着眼泪，嘴里念着我的名字；手机屏幕一闪一闪，像天上的星星。

回首逝去的漫长时光，能和她们成为朋友，我真的很幸运。

27. 夜空中的萤火虫

聆涛是送我假发的好朋友，也是周围朋友里将智慧与美貌结合得最天衣无缝的。"周围"指的是老魏父母家所在的大院，老魏从小在院里长大，朋友或朋友的父母大多仍然生活在这座大院之中。聆涛和我一样是远嫁媳妇，她嫁给了老魏的朋友老张，老张的父母就住在老魏父母家楼下，一个四层一个五层。

老张和老魏是真正的发小，也是我在北京最早结识的朋友，虽然老张对老魏有满腹的牢骚——谁能没有呢？

"小时候每次问他数学题，他上来必得先数落我一顿，'这么简单都不会！你可真够笨的！'"

"那你能忍？"

"当然不能，我们就把他痛揍一顿。"

"后来呢？"

"第二天老魏下楼看见我们，笑嘻嘻说'早啊！'。"

老魏不记仇，这是他最大的优点。但若想跟他做朋友，你也得不记仇。他曾跟老张一起去买墨镜，老张戴上一款，喜滋滋冲着他显摆："怎么样？"

老魏摇头："像个傻叉！"

"要不是相交几十年，懒得跟他计较，我俩早翻脸了。"老张情真意切地说。

说回聆涛。许多年前，老魏第一回把我引荐给他的朋友们，大家相约在大院旁边的茶馆见面。对老张的第一印象已然模糊，但聆涛那时的样子依旧清晰如昨。她头发浓黑柔密，自然地披散在肩头，身上裹着件黑色毛衣，望过来的眼睛略呈四边形，鼻梁纤细，肤色白皙，俨然港星关之琳。她含笑招呼我们，举起茶壶为大家一一添茶——此后 20 年间，她始终如一，承担着照顾身边每个人的责任。

聆涛比老张大几岁，老张和老魏同年，都比我大几岁，所以聆涛大我不少。对我而言，她像朋友，更像姐姐。

有一回我们四个人去爬山。老魏平地上走路就快，每次跟他出门，走着走着他必然一个人蹿到前方十米开外，完全忘记后面还有一个口干舌燥拼命倒腾两条短腿的可怜的我。爬山也一样，他仗着身高腿长噌噌往上跑，我和聆涛、老张三人远远落在后面。正值秋天，不知名的野草在繁茂的夏季蹿起老高，几乎齐腰，这会儿被秋风摧残得枯瘦干黄，可是依旧挺直，摇曳间把我的视线挡了个严严实实。

我怎么也找不到老魏，便回头冲老张和聆涛喊："我看不见他了！"

"你赶紧蹲下！"聆涛一脸紧张。

我虽不解，可聆涛一向是我们这帮人里的老大，我立即双腿一弯，就地没进荒草丛里。

蹲了两分钟，她和老张赶过来，从包里掏出一块糖递给我："快吃！"

我嘴里包着糖，含混不清地问："为啥让我蹲下？蹲下更看不见了，他是往上走的呀。"

她这才反应过来："听错了，我以为你看不见了，怕你低血糖呢！"

老张和我一样，对聆涛永远是先服从再理解，且比我多了几分过度的温柔体贴。十多年前的夏天，我正好在两份工作的间隔期，聆涛已凭一己之力实现了家庭财富自由。老魏呢，从来神神秘秘，不知他在忙什么，也不知他在闲什么。总之我们四个人凑出一个月长假，决定来一趟甘南川西自驾之旅。

途经四川一处小镇，路边开着一大片连绵的店铺，挂着"唐叶儿粑"的大大招牌。我们进了一家餐馆，各自点了几个特色菜。轮到老张点菜时，恰好聆涛去洗手，他反复思考后珍而重之地点了一道炝炒土豆丝，说是"聆涛爱吃土豆"。

菜端上来，聆涛一脸嫌弃："谁点的土豆丝？"

我眼明嘴快接上话："老张点的！"

"到这里还点什么土豆丝？"

我鬼笑："老张爱你。"

老张对聆涛爱得真诚，聆涛对他当然也很好。老张是回民，许多东西不能吃或不爱吃。我们在雅安吃雅鱼火锅，辣锅过瘾清汤鲜美，聆涛很体贴地给老张点了碗蛋炒饭。

许多年后，我还清楚地记得那个场面：青衣江边的饭馆里，三个人面酣耳热大快朵颐，一个人孤苦伶仃地嚼着孤单的蛋炒饭。

可只要是老张能吃的东西，聆涛从来都鼓励他多尝试。旅途中路过一个名为刷经寺的小镇，镇子地处山脚，山上皆是密密匝匝遮天蔽日的森林。每逢雨后初晴，阴暗潮湿、难见烈日的林中必然冒出大大小小各种蘑菇，山民们便采了蘑菇挎着篮子在国道边叫卖。有鹅蛋那么大的鹅蛋菌，长得跟黄色的鹅蛋一模一样；有其貌不扬的牛肝菌，许是太鲜美，已被虫子抢先品尝，留下一串串圆圆小小的嘴巴印。还有松茸，我和老魏看得目瞪口呆，现采纯天然野生松茸，哪里找去？"野生松茸，算你便宜，60块一斤。"老婆婆穿着藏族服饰，满脸褶子，望上去很诚恳。我们受不了蛊惑，掏钱把一筐都买了下来。老婆婆裹起裙子下摆掉脸就跑，声音远远飘过来："拿去烧鸡汤，鲜！"

菌子易坏，我们当即找了镇上唯一的小吃店，獐子菌一份凉拌一份炒腊肉，松茸遵老婆婆嘱咐拿来炖鸡汤。老板从后院抓来一只不幸的大公鸡，很快它就变成了大钢盆里盛着的松茸鸡汤。先吃凉拌獐子菌，滑嫩无比！再吃獐子菌炒腊肉，香甜爽脆！聆涛看老张吃得不亦乐乎，立刻又加了一份獐子菌炒腊肉。

"腊肉，你能吃吗？"老魏和我边吃松茸，边抽空关怀回民老张。

"腊——肉——嘛，怎么不能吃？"

"呸——"老魏肯定是想揶揄老张，不过这口吻也太激烈了吧？

我转头看他，却也忍不住"呸"了一口，苦的！仔细端详吐出来的松茸，传说中的野生松茸变成了诡异的青绿色。老魏将老板抓来逼问，老板吞吞吐吐："能吃……没毒……我们这边叫青冈菌，不好吃就是了，也能吃的嘛。"难怪变绿了，人家姓"青"哩。

那趟旅途中，老张第二喜爱的食物是红原大草原上买到的酸奶。我们穿越草原中途停下吃午饭，路边的苍蝇馆子味道普通，但旁边小卖部卖的酸奶实在不普通：一桶五斤的家庭装，无糖（十几年前无糖酸奶还不多见）。我现买了一包白砂糖，给每个人舀出一大碗酸奶，再撒上糖，口感如同撒着小糖粒的浓稠奶油，香甜滑爽堪比天上人间。老张接连吃了三碗，爱得不行。

次日，我们行至唐克。那里算个小市镇，聆涛念着老张爱吃当地酸奶，可惜找不到昨天那种，只买到个类似的，小小一盒透着工业化气质。老张吃了几口，想挑剔口味又不敢，只好念叨："这也没保质期，也没生产日期……"

除了酸奶，老张最爱的食物当数水盆羊肉。回程我们在西安停留几日，每到中午老张都会倡议："不如还是去吃水盆羊肉吧。"

连吃三日之后，老魏建议："不如我们今天就回北京吧。"

老张的饮食习惯如此专一，说明他是执着之人，对聆涛的心意想必同样坚定。而能和饮食如此专一的人共度一生，聆涛对老张何尝不是真爱呢？

在北京，我们两家多年一直来往密切。聆涛和老张从大院搬走买房已是 20 多年前的事，他们选择了北五环万科的房产，现今看来眼光独具。买房后，聆涛撺掇老魏也买，老魏嫌万科的物业费太贵，就买在了一条马路之隔的平民小区。后来两个小区的房价差距越来越大，果然富人和穷人的区别是从底层逻辑开始的。

不过我们还是住得很近。在大院里，我们是楼上楼下；到了北五环，我们只隔一条马路。而当我需要帮助时，第一个求助的必定是聆涛和老张。我的病在确诊之前，实际已有两回初现端倪。有段时间，我数次头晕目眩，后来发展到半夜醒来胸闷难忍，心跳飞快，大约是肿瘤压迫到下腔静脉，血液循环受到影响。当时女儿还小，老魏没法把她独自留在家里，只能凌晨打电话给老张和聆涛，他们火速赶来送我就医。

还有一次，应该是腹膜后的瘤子作祟，痛得我半夜打滚，老魏又找了他们帮忙。那次我已不能自己行走，下了车，聆涛用轮椅推着我往急诊室飞奔，老张去停车挂号。他们两个把我送进急诊室，我满头乱发遮了大半张脸，抽血的护士大姐念叨："你说你好大个人，怎么还乱吃东西？看把你爸妈急的！"

等看到我的身份证，她有些赧然："哟，你不小啦！"

我从疼痛中找回一把声音："他们是我朋友！"

可也正因为他们满脸急迫和担忧，才会被误认为是我的亲人吧。那天打过针后，我的腹痛缓解，几个月后再度发作，狡猾的肿瘤才真正露出狰狞的面目。

自从我生病，聆涛便养成了一个新习惯，每天早上必发一条早安问候，迄今已有上千个日子，从未遗漏。她这人心思细密，假如说老魏是情商中的马里亚纳海沟，那聆涛就是珠穆朗玛峰。在我最脆弱的那段时间，她给了我许多温暖切实的安慰，她不会说"没事的，不要紧"这类空泛的说辞，总是用行动表示她的支持，比如一疗后她送了我一支筋膜枪来应对频繁酸痛的身体；当我渐渐失去自己的头发，她便送我"假发基金"。

送假发是聆涛勇敢的佐证。毕竟不是每个人都敢于对身患癌症的朋友说："我送你一顶假发吧。"谁知道会面对什么样的反应呢？如果对方失声痛哭怎么办？好在我们深知彼此，我不会贸然落泪，她也不必忧心忡忡。我开开心心答应下来，并在二疗后头发大量脱落时主动告诉了她。

她还送过我一只木雕小葫芦，上面刻着繁茂的叶子和若干个精巧的小小葫芦。我妈给我改名那阵子曾给我算过命，说我命中缺木，最好随身带件木头的东西，名字里也要有草有木。我不记得有没有把我的命格分享给聆涛，可她似乎什么都知道。住院期间，那只小巧精致的葫芦一直陪着我。每当害怕担忧恐惧，我就将它握在手里，触感温柔的小葫芦宛如朋友们的手紧握住我。

回想起来，聆涛一直是个善良又充满责任感的人。她曾在旅途中买了十多斤路边农妇采摘的野梨子，只为让她们少在毒辣辣的日头下站一会儿；她早在二十几年前就开始垃圾分类，随身携带她和老张的筷子，为了保护岌岌可危的自然环境。她勇敢而细腻，并且能将心中所想用最恰当的方式付诸实践，正因为有她这样的人，这个世界才会变得越来越美好吧。

化疗结束后，我继续维持治疗，每三个月打一次靶向药，淋巴细胞几乎被消灭殆尽，整个人丧失了最基本的抵抗力，随便什么病毒都能轻易深入脏腑，酿成恶果。我尽量不出门，旅行更是不可能了。聆涛和老张照例每年自驾去三亚过冬，来年春天再返回北京。聆涛受我殷殷嘱托，一路让老张客串主播，每到一地都要拍许多视频发给我看。

他们走过的每一步、见过的每一处风景、吃过的每一种美食，都变成我枯燥生活里最深切的乐趣。我跟着他们体验开在厕所旁边的正宗潮汕菜，在常德的巷子里探寻美味牛肉粉；跟着他们骑单车穿梭于兴义温柔的山峦之间，造访地质公园、恐龙化石；跟着他们登上不知名的山顶，在荒无人烟的山巅看最美的夕阳，次日一早才发现被跳蚤咬出满身红包……他们像我的另一双脚、另一双眼，替我去到暂时去不了的远方，让我欢喜，给我安慰。

2024年春天返京途中，他们俩在湖南感染新冠，驻留十天，每日播报体温，也照旧播放菜色，只是清淡了许多。回到北京，聆涛将一串各色菩提子穿成的珠串送给我，大大小小的菩提子穿在一起像丰收的葡萄。据说菩提子能驱邪避灾，佑人安康，我在网上找出图片一一对照，能认出来的有白玉菩提子、星月菩提子、蜜瓜菩提子、五眼六通、金蟾子、天意子、金刚子、摩尼子、天台豆、满贯……我和老魏在家摆宴，请他们来聚会，又将聆涛出门前托付给我的日本杜鹃和几盆蝴蝶兰一一搬来亮相。幸不辱命，竟有两盆蝴蝶兰重新开出了满头花！

2024年夏天，我的治疗总算告一段落。暑假结束前的那两周，我们再次共同出行，两车五人，沿着长白山行至珲春。不巧赶上东北大雨，四处发水，一路上险象环生。快到丹东那天，我们在瓢泼大雨中前行，雨水好似巨大的白色塑料袋，把天地笼罩其间。对面大车溅起的巨浪从车顶砸下来，视线完全被遮挡，我慌得不行，连一直聒噪不停的闺女都屏息沉默。聆涛依旧淡定，她在对讲机里说："不要怕，相信老魏的技术。你看远处的山，水墨画一样。"真的，黑云低低沉在半山腰，仿佛晕开的墨迹，我们何其有幸能见识到这世界的神奇壮丽。

那么多次共同的旅行中，脑海里最清晰的一幕还是十二年前，在青城山下一处小镇，天黑透了，我们四个从山上往下走，山脚下有一汪清澈泉水，水边忽悠忽悠亮起一大片绿色小灯笼，绕着我们的身体打圈圈。是萤火虫！没有路灯，前方是更浓的黑暗，可心里并不害怕，还隐隐有些兴奋，好像无论遇到什么，都可以大大方方地坦然走过。

28. 黄黄花儿开

初次见到黄黄是 2019 年春天，娃奶奶家所在的大院修缮房屋，许多工人在院里进进出出。有天早上我碰巧路过工地，看见头戴蓝色头盔的工头胖大叔抱着一袋煎饼果子，站在马路牙子上边啃边欣赏工人们的杰作。他脚边徘徊着一只大橘猫，它在他裤脚上磨蹭身体，尾巴翘得高高的，最后坦然自若地往他跟前一躺。

哦，讨吃的呢。这院子里流浪猫多得很，好心大姐是喂养它们的主力军，绿化带隐蔽处经常能见着摆放整齐的猫粮和清水，喜鹊、乌鸦和几只主人疏于管理的小狗都沾了猫儿的光。我这么想着，只见胖大叔从自己的煎饼上掰下一大块，丢到橘猫眼前。出乎意料，它似乎全然没有兴趣，出于礼貌闻了闻，接着就把头扭向一边，继续蹲在大叔跟前，像只训练有素的小狗正跟随主人巡视自己的领地。

那时我还不知道黄黄的大名，只觉它是一只很有意思的小猫。等跟它直接接触已是几年后，我的化疗基本完成，我和老魏带着娃搬来公婆的房子长住。那阵子我们往返于自己家和公婆家之间，把大箱小箱的东西搬来搬去。有一次，我和老魏整理了几个箱子，堆放在路边，他去停车场开车，我站在路边看行李。好久不见的大橘猫又出现了，它不请自来徘徊在我脚边，把箱子逐个仔细闻了一遍，又在我腿上蹭来蹭去，尾巴仍旧翘得老高。我以为它要讨食，可惜手里什么吃的都没有，只好眼观鼻鼻观心，假装没被它的娇嗲打动。它见我毫无反应，也不恼怒，就那么蹲坐在我脚边，跟我一同望着汽车驶来的方向。

老魏把车停在面前，我和橘猫的两只脑袋以45度角齐齐朝他看过去。他顿了片刻，问道："哪里来的猫？"橘猫一点不认生，懒洋洋抬起爪子在车胎上磨了两下，然后把脑袋探进打开的车门里，大眼睛好奇地打量车内。那一瞬间，我动了收养它的心思，可想想自己还要继续靶向治疗，又觉得不可能。我坐进车里，它依然蹲在车门外，懒洋洋又无比自得。从此，我心里惦记上了它。

一只流浪猫看起来并不怎么胖，或许吃得不好吧？家里正好有些金枪鱼罐头，我便天天揣着罐头，盼着哪天再和它巧遇。好在院子不大，它又是只极其亲人的猫，没多久我们就在上次见面的路边相遇了。它还坐在老地方，看见我如同见着熟人，轻轻地"喵呜"一声。我赶忙把金枪鱼罐头打开，放在路边一处还算干净的井盖上，又找了个盒盖灌上清水，招呼它："快来！"它能听懂我的话，积极性却不甚高，慢慢吞吞扭过来，用鼻子使劲闻罐头，就是不肯吃。我赶着出门，与它暂且别过，心里充满了做善事的满足和喜悦。

下午回家，我发现罐头原封不动放在原地，一点吃过的迹象都没有，倒是水被喝了个一干二净。那会儿我才恍然，它对人类的亲近根本与乞食无关——它就是喜欢人，喜欢表达它对两脚兽的信任和喜爱。仿佛它才是这个大院真正的主人，需要对我们这些外来客致以关心和善意，却并不指望收获报答。

那时我对这院子尚陌生且天生社恐，出来进去总戴着一顶能把脖子都遮住的大帽子，挡住白发的同时也挡住叔叔阿姨大姐们好奇探究的目光——看不见脸，总认不出我是谁吧？不料没多久，他们就记住了我这顶造型独特的大帽子，远远就招呼："出来啦？上班去啊？"

某天傍晚，我鬼鬼祟祟地下楼遛弯，正好同楼的大姐拎着喂猫食的袋子站在草地边大声喊："黄——黄——"嘹亮的嗓音穿过草地，精确击中了那只正在草地中间挖坑拉屎的大橘猫，它慢慢吞吞解决完自己的问题，这才迈着不紧不慢的步伐向着大姐的方向踱过去。

原来它叫黄黄，真是个朴实无华又非常贴切的名字啊。

院里的孩子们都爱黄黄。它是唯一一只随便任孩子撸的小猫，尤其喜欢干干净净的小姑娘，你不需要带好吃的，只要唤一声"黄黄"，它必定会"喵呜"回应；如果伸手抚摸它，它甚至会舒服地打起呼噜，在你裤脚上蹭来蹭去。女儿如意比我更早了解黄黄的故事，别看它个头不大，其实已经11岁了。"我应该叫它黄黄哥哥。"如意郑重宣布。为了讨哥哥欢心，如意让我给黄黄买猫条，可惜我买的口味不对，黄黄不爱吃，最终惜败给她的好朋友宁宁——宁宁买的猫条，黄黄就很爱吃呢。也因为她们总跟黄黄混在一块儿，连续两年夏天，如意都带了跳蚤回家；好在每次跳蚤只选择老魏，给他咬出一串巨大的红包，或许他身上有某种特别吸引跳蚤的气味吧。

黄黄是只聪明、友善又很有自尊心的小猫。经常喂养它的大姐们说，黄黄挑食，爱吃生肉和虾，还得是剥了壳的虾肉。冬天天冷，大姐给它买了棉窝，可只要别的猫进去躺过一次，黄黄就再也不去睡了，宁愿蹲在电动车车座上，把自己的脚丫和尾巴缩进肚子下面，眯着眼睛像只圆毛球，借此抵御寒风。"它各色着呢！"大姐一边说，一边手不停地给它剥虾。

2023 年，我因两次感染新冠而使得维持治疗变得断断续续，前路渺茫，难以预测。那段时间黄黄的状态也不好，我路过车棚时总见它闭着眼睛缩在电动车车座上，下巴上的毛发黑，仿佛在忍受某种痛苦。不过只要开口唤它"黄黄"，它还是会睁开眼睛，轻轻回一句"喵呜"。

关于黄黄的病情，最初的消息来源是如意。孩子们是院里最宠爱黄黄也最常和它在一起的小伙伴。"黄黄嘴巴很臭，还流水口，它是不是生病了？"某天晚餐时，如意咬着筷子问我。我虽养过猫，却没遇见过这种症状，搜索半天，心里一沉：不会是口炎吧？口炎是免疫系统疾病，猫的免疫系统把牙齿当成入侵者反复攻击，导致牙齿发炎疼痛，猫会因吃不下饭而逐渐衰竭。目前最有效的治疗方法是全口拔牙，但失去所有牙齿的流浪猫，要怎么应对外界的危险？没有家的小猫得了口炎，几乎就是无解的死局。何况就算是全口拔牙，也有一定的复发几率。

我想了好几天，那会儿我反复因肺炎住院，想要收养黄黄几乎不可能。如意为黄黄哭了一场（她都没为我的病哭过）："妈妈，救救黄黄吧。"老魏不支持，他不想让我碰病猫，本来我就是个毫无免疫力的弱鸡；这几年治病，家里钱花得不少，挣得却不多，而宠物医疗又是人尽皆知地昂贵。我想放手不管，可每天戴着大帽子从蜷缩着的黄黄身边路过时，还是忍不住想看看它：当初的悠闲自在全然不见，它满脸痛苦，不再是那只骄傲挑剔又自尊满满的小猫。疾病真的很可怕，能轻易带走你引以为傲的一切。

可也因此生命才更显珍贵，总得努力一搏吧？

院子里喂养黄黄的人很多，我找了个人家喂猫的时机，壮着胆子主动跟一位大姐套近乎："您是一直喂它的哈？"

"你干吗？"喂养流浪猫导致邻里投诉的新闻估计不少，她很警惕。

"我女儿说黄黄生病了，让我带它去医院看看。我跟它不熟，您能帮我抓住它吗？"我马上说明来意。

"哎哟天哪，怎么有这么好心眼的小姑娘啊！"大姐脸上立刻绽开一朵笑容。

几天后，网购的航空箱到了。我一大早便去找人抓猫，我的免疫系统完全不工作，万万不能被猫抓咬——狂犬疫苗对我这样的病人不起作用。最常投喂黄黄的孙姐趁着它低头吃肉，一把薅住它两条前腿就往航空箱里塞。黄黄的身子都进去一半了，猛然发现不对，赶紧后撤，掉头想跑。孙姐眼明手快地捞住它两条后腿，念叨着"不怕不怕，黄黄不怕"，一边把它迅速塞进箱子，落下笼门。黄黄受惊不小，在箱子里鬼叫，孙姐把手从栅栏缝隙里伸进去安抚它："姨姨摸摸，别怕，黄黄别怕。"我跟孙姐以及另外两位姐姐建了个微信群，群名就叫"黄黄"。在她们殷殷期盼的目光里，我拎着箱子雄赳赳地向宠物医院进发。

本想让老魏开车送我，可那家伙死活不愿意——他想以此逼我放弃带黄黄就医，我知道他是为我好，可黄黄是一条生命，怎能轻易放弃呢？黄黄大约七斤，连上挺重的航空箱，总有十多斤重。大院距离宠物医院一公里左右，这点路程我舍不得打车，只好抱着箱子走走停停，一路上跟怀里的黄黄说话："别怕，黄黄，咱们去看医生。"黄黄毕竟不是普通小猫，它很聪明，安静下来后便静静趴在箱子里。边歇边走，终于走到一处小小的城市公园，一条马路之隔就是宠物医院。我把箱子放在草地上，黄黄好奇地凑到箱子边，嗅闻周围探进来的花草；它这一生都在我们的大院里生活，仅仅一公里之外的地方，对它而言都无比新奇。

我们来得太早，医生还没上班，一人一猫坐在诊室里等待。小护士端给我一杯水，又用一个矮胖的纸碗给黄黄倒了一些水。这会儿黄黄已经很淡定，一声不吭，趴在航空箱里跟我大眼瞪小眼。

没多久，一个挺年轻的男医生到了。打开笼子时，我告诉他我不敢抱猫，他点头，小心翼翼地把黄黄抱出来。黄黄毫无挣扎，任凭医生为它检查，待坐上体重秤，它更开心了，蹲在上面俯瞰着两个渺小的人，既不乱叫也不乱跑，沉稳有气度，着实让我骄傲。医生说有两个方案，一是全口拔牙，二是终身服用激素。全口拔牙，口炎未来可能会复发，但疗效总体来说更好，唯一的问题是黄黄老了，加上长期流浪，不见得能撑过手术。激素也能抑制病情，但长期服用会有副作用。总之，这似乎还是一个无解难题。

我带黄黄离开诊室，坐在候诊区，在微信群里征求姐姐们的意见。她们都希望不要拔牙，因为黄黄老了，不是年轻力壮的小猫，也许减轻痛苦、延长生命于它才是最好的选择。我告诉医生，我们选择服用激素。医生开了药，又帮忙把黄黄放回航空箱——第二次进箱子，它几乎没有反抗。回去的路上，我仍旧走几步就得歇一歇，黄黄一声不吭，只顾着欣赏路过的汽车和行人。我在小红书上看过一只很聪明的小猫，它的主人带它游泳，陪它钓鱼，还带它去了巴黎——它的世界那么大，黄黄的世界却那么小。

好不容易回到院里，我把药交给孙姐，她说会趁着每天喂食时给黄黄吃药。黄黄从箱子里钻出来，迫不及待撒了一泡尿，随即便回到它最熟悉的草地上趴着晒太阳去了。

激素的效果立竿见影。几天后孙姐在微信上告诉我，黄黄好多了，能吃能喝，精神也日渐恢复。我们都为黄黄高兴，疾病似乎被击退，它重新变回那只自尊心超强的骄傲小猫。孩子们是最开心的，她们拿着猫条争先恐后地喂黄黄，谁的猫条有幸被舔一口，就能得意一整天。我的身体也逐步好转，开始尝试写我钟爱的推理小说。看着太阳底下眯着眼睛舒舒服服的小猫，不禁感慨生命何其脆弱，又何其坚韧。

不久天气转冷，气温低得令人担心。好几回我去黄黄日常出没的绿地找它，却总也不见它的踪影。我想问问孙姐，又不敢，生怕听到不好的消息。好不容易熬到春暖花开，有一天我照常戴着大帽子下楼，一眼便看见黄黄趴在草地上，好像瘦了一点，但精神尚好。那会儿才听说黄黄是有家的，主人是院里的一位老奶奶，因她习惯散养，大家一直以为黄黄是流浪猫。原来黄黄回家过冬去了，直到天气暖和才重新出门。

盛夏来了，孩子们放暑假，天气热得人心慌慌。某天买菜回家，在楼下撞见孙姐，她忧心忡忡道："黄黄不太好。"彼时，黄黄正在一旁的草地上尿尿，身体瘦成了纤细的一条。

"前些天还挺好的，怎么突然瘦成这样？"我惊讶极了。

"它不知吃了什么，拉肚子拉个不停。"

我想着是不是应该再带它去医院瞧瞧，可它很快就不见踪影，大概是身体不好，被主人带回了家。我安慰自己，回家了兴许会慢慢好起来吧？

然而没几天，如意带回了坏消息："黄黄死了。"

孩子们不知从哪里得来的消息，找到了埋葬黄黄的地方，就在它最爱的那片绿地里：一块小小的微凸的长方形土面，颜色是新鲜的黑，明显与周围不同。

黄黄死后，孩子们都很伤心。我也难过，每次路过那片草地，总会情不自禁看两眼，好似下一秒那只沉稳的大橘猫就会伸着懒腰慢悠悠地从草叶间钻出来。

生命终究还是脆弱的。

我的悬疑小说也进展不顺，投了好多家出版机构，一一碰壁。有一天吃午饭，如意聊起从科技馆讲座上听来的新鲜事："宇宙中从来没有，将来也不会有低于零下274℃的温度，你知道为什么吗？"

"为什么？"我意兴阑珊。

"因为除非宇宙中所有的分子都停止运动，温度才会达到零下274℃以下，可是宇宙中所有的分子都在运动啊。"

"哪怕死了？"

"哪怕死了。"如意点点头，"黄黄死了，可它身体里的那些分子会重新融入土地，每一个分子都在运动，它们不会停止。"

"永远不会停止？"

"永远不会停止。"

饭桌上，我忽然想掉眼泪。黄黄死了，但它生命的一部分永远不会消失。

现在想想，为何我会对一只小猫寄予那么多同情？当然是因为它亲人又可爱。但揭开表面还会发现，它和我的命运有着奇异的相似之处：我们都患上了难以治愈的疾病，都是免疫系统和身体开的玩笑；我们都骄傲又自尊，却被疾病轻易夺走了自己珍视的东西；我们都曾面临死亡的威胁。我比黄黄幸运一点的是依旧存活的意识，千疮百孔的身体还要继续努力，去做想做的事情，去实现尚未完成的梦想。生命宝贵，要连带黄黄的那一份，好好活下去。

黄黄，我们认识的时间不长，可你会永远留在我的记忆里。愿你身体里永不消逝的部分能带你去往更广阔的世界。

原上草，春风吹，埋葬黄黄的那一小片地上很快冒出了嫩绿草芽。炎热的气温下，草儿长得倒快，几天未见就在细细的茎秆之间顶出一朵不起眼的小黄花。

黄黄呀，又一年夏天了，那是你吗？

代后记 写给我的宝贝女儿

一葭

2021 年 2 月 14 日，大年初三，也是年轻人的情人节。那天上午，远在北京的女儿突然打来电话，说她生病了，医生初步判断是淋巴瘤。这句话像是当头一棒，打得我大脑一片空白：怎么会？怎么可能？淋巴瘤是免疫系统的恶性肿瘤，那些让人恐惧、憎恶的字眼——多处淋巴结明显肿大，多处脏器被累及……怎么能和我女儿联系在一起！

挂了电话，我心里像被巨石压着一样难受，没法思考，不愿相信，又想问清楚是不是一场误会。直到下午 3 点，我才鼓起勇气把电话打了回去，一遍遍确认会不会是误诊，比如检查报告上的姓名搞错了？又或是标本被某个粗心大意的小医生弄混了？……我搜肠刮肚，找遍了天下所有的理由，一心希望女儿会笑着说："妈妈，搞错了，生病的人不是我。"

然而幻想破灭，所有的检查结果都无情证实了医生的诊断是正确的。尽管女儿故作轻松、轻描淡写地和我说这件事，还一直安慰我，让我过完年再去北京，但她越是这样懂事体贴，我就越是难过心疼，真正地心在疼！不敢相信，更不愿意相信，我唯一的宝贝，那个出生三天就会在睡眠中笑出声的粉嘟嘟的小肉团儿；那个两岁前黑白颠倒整晚不睡觉，只能服用镇静药物鲁米那，还给洋娃娃起名"鲁米那"的小淘气；那个无论在旅途中在餐厅里还是在爸爸妈妈的工作单位或者幼儿园里，永远见人就笑手舞足蹈活泼开朗招人喜欢的小女孩儿；那个热衷于给小朋友们讲故事，从幼儿园一路讲到中学，被同学们称为"故事大王"的小姑娘；那个曾在妈妈单位的年终总结大会上讲了整整一个下午故事，被叔叔阿姨爷爷奶奶们誉为"小开心果"，被外公外婆和妈妈捧在手心里的小宝贝……她竟会得这样残忍的病！

事实摆在面前，女儿需要我，我要去照顾她，给她力量和依靠。我赶到北京时还是春节假期，病理报告和免疫组化结果还没有出来，我们都在紧张等待。好不容易熬到假期结束，2月18日接到血液科的电话通知，病理结果诊断为"小细胞1B淋巴瘤"。2月22日，血液科打电话告知我们免疫组化结果出来了，是"滤泡型淋巴瘤1—2级"。我还清楚记得当时的情景：女儿接完电话后告诉万念俱灰的我，她的病理报告显示并非最坏的结果，这个类型的肿瘤发展速度比较慢，她的病还可以治疗，随后我们母女抱头痛哭。在我的人生当中从未有过这么夸张的情感表达，可当时完全抑制不住满心的庆幸和激动。我对女儿的爸爸说，我很知足了，疾病固然可怕，但它给了我们治疗的时间，也就给了我们生命的机会。

随之而来的是入院做相应的检查并准备化疗。正式治疗的前一天，医生找我谈话，交代了各种注意事项，接着就开始了令人痛苦的化疗和靶向治疗。女儿本就瘦弱的身体被各种药物的毒副作用折磨得筋疲力尽，人是浮肿的，一天比一天虚弱，白细胞几乎降到了零，她每天只想躺着，话都懒得讲。第二次住院化疗期间，她的头发大把脱落，枕头上、衣服上到处都是。想到这里，我很感谢医院里的小护士，她默默地用床刷子把床上的头发刷到撮箕里，扫了满满一撮箕，又趁女儿不注意时端了出去，怕她看着难过。疗程结束回到家，女婿用电推子帮女儿把头发剃光了。

看着女儿的光头和毫无血色的脸、深陷的眼睛和黑黑的眼圈，我心里只剩下痛，还要强忍哽咽，故意和她开玩笑。有时我真觉得自己太累了，每天都得想着怎么才能让她不那么难受，怎么才能帮她分担。有时恨不能我替她生病，用我的生命我的所有去换取她的健康，也好过眼睁睁看着她受苦却无能为力的心酸。

第四个疗程结束后，女儿因抵抗力降到谷底而患上卡肺。她咳嗽、喘鸣、高烧，还伴有呼吸急促。我在网上看到，卡肺的误诊率相当高，病死率也不低，若不及时治疗，甚至可能引起呼吸衰竭。女儿连续高烧16天，住进呼吸科的前几天，由于没有争取到陪护，她只能一个人住进病房，我只能站在楼下远远地陪伴她。事情过去三年了，我还清楚地记得她举着输液瓶子站在窗边和我通话的样子——瘦瘦的身体套在宽大的病号服里直打晃，电话里的声音也有气无力。回想往事还是忍不住泪目，女儿，你很坚强，但你真的很辛苦很可怜。

在女儿住院却又无人陪护期间，我去了教堂。走进教堂那一刻，我完全不能自持，眼泪像泉水一样不受控制。我痛哭，就像面对着自己的父母，扑倒在父母的怀抱里，把内心的痛苦、憋闷、委屈全都宣泄出来。哭完多少好受了些，更高兴的是医院终于允许陪护，我再次住进病房，陪在女儿身边。那时她已经退烧了，正一天天康复起来。看着她慢慢好转，我的心才算安稳下来。

女儿一共化疗八次，我们每过28天就得经历一次住院，前后近一年，日日夜夜，不堪回首！回头看看，我很感激女婿小魏和外孙女如意，他们给了女儿巨大的信心和力量，帮她熬过那些痛苦艰难的日子，让她能坚持完成治疗并取得了很好的疗效。感谢我的家人——我的母亲大人和姐姐们——她们一直在关心鼓励我的女儿，也不断地安慰我，给我力量。

最感谢的还是我的宝贝女儿。亲爱的孩子，感谢你勇敢坚强，感谢你从来不曾放弃努力。妈妈不求你成为什么了不起的人物，只愿你平安健康，幸福就好，快乐就好。

最后的最后，别再嫌弃我唠叨，女儿，你长大了；妈妈呢，老了啊。

文
景

Horizon

社 科 新 知　文 艺 新 潮

病房请勿讲笑话

阿苘木　著

出 品 人：姚映然
特约策划：字游一刻・信宁宁
责任编辑：周官雨希
营销编辑：胡珍珍
装帧设计：千巨万

出　　品　北京世纪文景文化传播有限责任公司
　　　　　（北京朝阳区东土城路 8 号林达大厦 A 座 4A100013）
出版发行　上海人民出版社
印　　刷　山东临沂新华印刷物流集团有限责任公司
制　　版　重庆樾诚文化传媒有限公司

开 本：890mm×1240mm　1/32
印 张：10.25　　字 数：133,000　　插 页：2
2025 年 8 月第 1 版　　2025 年 8 月第 1 次印刷
定 价：69.00 元
ISBN：978-7-208-19689-6/I.2230

图书在版编目（CIP）数据

病房请勿讲笑话 / 阿苘木著 . -- 上海：上海人民
出版社，2025. -- ISBN 978-7-208-19689-6

I. I25

中国国家版本馆 CIP 数据核字第 2025U2G491 号

本书如有印装错误，请致电本社更换　010-52187586

社科新知　文艺新潮　｜　与文景相遇

微信公众号　　　　　微　博　　　　　豆　瓣

bilibili　　　　　抖　音　　　　　小红书